WÄGEN UND WAGEN

HELMUT VON DER LIPPE

WÄGEN UND WAGEN

Von der Tradition der Lübecker Kaufmanns-Compagnien

LN-VERLAG LÜBECK

Zum Umschlag: Lebensgroße Bildnisse der in den Rat gewählten Mitglieder der früheren Kaufleute-Compagnie schmücken den heutigen Sitzungssaal der Industrie- und Handelskammer zu Lübeck. Die Gemälde entstanden in den Jahren zwischen 1650 und 1740 und befanden sich früher mitsamt der von Tönnies Evers d. J. zu Beginn des 17. Jahrhunderts geschaffenen Täfelung im »Großen Gemach« des Hauses der Kaufleute-Compagnie. Die Bildnisse zeigen im einzelnen (obere Reihe v. l.): Johannes Popping, Matthias Bornefeld, Herman von Dorne; (untere Reihe v. l.): Mattheus Rodde, Jeronimus Billerbeke, Hinrich Wedemhoff.

Die Umschlagrückseite zeigt das Bild eines Lübecker Kaufmannskontors aus dem Jahre 1871 (Original im St.-Annen-Museum).

Schmutztitel: Eine Mark lübsch aus der ersten Hälfte des 16. Jahrhunderts. Das kleine Wappen in der Mitte des Silberstücks weist Lübeck als Prägestätte aus. Die ebenfalls dem wendischen Münzverein angehörenden Städte Wismar, Hamburg und Lüneburg sind auf den anderen Wappen symbolisiert.

Gegenüber Innentitel: Die Kaufmannsdröge im Jahre 1881. Die Verwaltung der Dröge – eine Einrichtung zur Verbesserung der Schiffsausrüstung, vor allem des Tauwerks – unterstand den Kaufleuten und ab 1853 der Handelskammer (Ausschnitt aus einem Gemälde von C. Stolle).

Autor und Verlag danken der
HANDELSBANK IN LÜBECK AG
für die besondere Förderung der Herausgabe dieses Buches.

Wissenschaftliche Beratung: Dr. Antjekathrin Graßmann

Umschlaggestaltung: Bernd G. Reichert, Hamburg

Buchgestaltung: Heinz Weiemann, Lübeck

ISBN 3-87498-339-0

Gesamtherstellung: LN-Druck, Lübeck
Printed in Germany

Inhalt

Mit vollen Segeln in das Abenteuer

Kaufleute küren die »Königin der Hanse«

Wägen und Wagen ist seit jeher der Leitspruch des Lübecker Kaufmanns gewesen. Seit Gründung der Stadt bis auf den heutigen Tag. Denn Wagemut war in der Tat schon vonnöten gewesen, um den Hügel zwischen Trave und Wakenitz zu besiedeln und von hier aus in unbekannte Regionen vorzustoßen. Kaufleute aus dem Westen, aus Flandern, Holland und vor allem Westfalen waren es vornehmlich gewesen, die sich nach der Verdrängung der Slawen in der »nordischen Wildnis« niedergelassen hatten, um von hier aus den Weg zu neuen Ufern zu suchen.

Herzog Heinrich der Löwe hatte 1158/59 den Grundstein für die Stadt gelegt, nachdem die 15 Jahre zuvor von Graf Adolf II. von Schauenburg (oder auch *Schaumburg)* an gleicher Stelle errichtete Siedlung einem Brand zum Opfer gefallen war. Dieses »neue« Lübeck sollte fortan zur Ausgangsbasis für die von unternehmerischem Pioniergeist erfüllten Kaufleute werden. Bis ins Baltikum und nach Nowgorod wagten sich die ersten Fernhändler vor. Als Zwischenstation auf ihrem gefahrvollen Weg in die ferne Fremde diente ihnen die Insel Gotland. Sie war gleichsam die Urzelle der späteren »Hanse«.

Von den »Gotland besuchenden Kaufleuten« setzten sich in der Folgezeit immer wieder kleinere Gruppen ab, die nach dem Vorbild Lübecks neue Städte an der Ostsee gründeten, wie Riga (1225), Reval und Dorpat (um 1230), Wismar, Stralsund und Danzig (ebenfalls alle im 13. Jahrhundert). Es wurde somit die Grundlage dafür gelegt, daß der internationale Handelsplatz Brügge mit dem bis dahin wirtschaftlich unerschlossenen Ostseeraum in Verbindung kam. Lübeck entwickelte sich dabei zum Dreh- und Angelpunkt der Handels zwischen Ost und West, zwischen Norden und Süden. Spätestens im Jahre 1300 gilt Lübeck als anerkannte Führerin der Kaufmannsstädte von der Zuidersee in Holland bis zum livländischen Reval.

Die »Hanse der Kaufleute« als individueller und loser Zusammenschluß der Handeltreibenden entwickelte sich allmählich zur »Hanse der Städte«, einem Bund, in dem sich 1358 die »koplude von der dudeschen Hanse« unter der Führung Lübecks vereinigten. Die Kaufleute waren dabei klug genug gewesen, sich ihren Wagemut in angemessener Weise honorieren zu lassen. Als Gegenleistung für die Erschließung fremder Handelsräume wurden ihnen Zollfreiheiten, Monopolstellungen und sonstige Privilegien eingeräumt, die ihnen eine ungehinderte wirtschaftliche Expansion ermöglichten.

Für Lübeck galt dies um so mehr, als Kaiser Friedrich Barbarossa den Sachsenherzog Heinrich 1181 in die Acht erklärt und die Stadt in seine kaiserliche Gewalt genommen hatte. Sein Enkel, Kaiser Friedrich II., bestätigte Lübeck die Reichsfreiheit 1226 unter der Zusicherung weiterer Handelsprivilegien. In dem Dokument hieß es unter anderem, »daß die besagte Stadt Lübeck auf ewig frei sei, nämlich eine besondere Stadt und Ortschaft des Reiches und zur Reichsherrschaft unmittelbar gehörig und niemals von dieser unmittelbaren Zugehörigkeit zu trennen«. Über 700 Jahre lang, bis zum 31. März 1937, durfte sich Lübeck dieser Souveränität erfreuen. Dann wurde es der preußischen Provinz Schleswig-Holstein einverleibt.

Mit dem Frieden von Stralsund, der 1370 den großen nordischen Krieg gegen den dänischen König Waldemar Atterdag mit einem für die Hanse überaus günstigen Ergebnis beendete, war der 200jährige Expansionsdrang der Lübecker Kaufleute zugleich auf dem Höhepunkt angelangt. Die Stadt erstrahlte in Macht und Reichtum. Es galt nunmehr, das Erreichte zu sichern und die Stellung Lübecks und damit auch der Hanse als handelspolitischen Städtebund im Norden des Reiches und in Skandinavien zu behaupten.

Mit der Hochblüte Lübecks und der Hanse aber deutete sich bereits ihr allmählicher Niedergang an. Auf Hilfe und Unterstützung des immer machtloser werdenden »Heiligen Römischen Reiches Deutscher Nation« konnte man nicht bauen. Die erstarkenden dynastischen Fürstenstaaten nahmen dem Kaiser mehr und mehr das Heft aus der Hand und sahen unermüdlich darauf, dem nordischen Städtebund Steine in den Weg zu legen und ihre Untertanen in eigene neue Wirtschaftssysteme einzubinden. Zusehends mehr Städte kündigten dem Bündnis die Treue auf mit der Begründung, man sei dem Landesfürsten verpflichtet und verspreche sich von seiner Unterstützung mehr als vom zerbröckelnden Bund der Hanse.

Längst auch war die Ostsee nicht mehr alleiniger Wirtschaftsraum für Lübeck und die übrigen Hansestädte. In steigendem Maße waren die Engländer und Holländer hier zu einer starken Konkurrenz erwachsen. Schließlich sahen die skandinavischen Länder, auch Livland und Rußland keinen Anlaß mehr, der Hanse wie in früheren Zeiten Handelsvorteile einzuräumen. Sie hatten selbständige Nationalwirtschaften entwickelt und brauchten die Kaufleute der Hanse nicht mehr, um durch sie ihre Handelsräume erschließen zu lassen. Dafür einstmals gewährte Privilegien wurden kurzerhand gestrichen.

1669 fand in Lübeck der letzte Hansetag statt. Seit dem Jahr 1358 war dies die »Hauptversammlung« aller im Hansebündnis vereinigten Städte gewesen. Rund 200 Partner hatten dem Bündnis zu seinen Glanzzeiten angehört. Am Ende fanden sich nur noch die Vertreter von neun Städten auf dem Hansetag zusammen, der ergebnislos abgebrochen wurde.

Wenngleich auch die wirtschafts- und handelspolitische Macht der von Lübeck

begründeten Hanse gebrochen war, so lebte die hansische Tradition auch in der Folgezeit fort. Der Lübecker Kaufmann, der die Stadt einst zur »Königin der Hanse« hatte emporblühen lassen, ist sich dieses stolzen Vermächtnisses bis auf den heutigen Tag bewußt geblieben. Kaufleute waren es von Anfang an gewesen, die dieser Stadt den Stempel aufgeprägt haben. Wirtschaftliche Macht bedeutete zugleich politischen Einfluß. Dem aus den Reihen der einflußreichen und begüterten Kaufleute gebildeten Rat gehörten vier Bürgermeister und 20 Ratsherren an. Ihr Ansehen strahlte weit über Lübecks Grenzen hinaus.
»Ihr seid Herren!« rief ihnen Kaiser Karl IV. anläßlich seines Besuchs in Lübeck anno 1375 zu und erhob die Stadt damit in die Reihe der vier Weltstädte Rom, Florenz, Pisa und Venedig. Und als eine hansische Gesandtschaft unter der Führung des Lübecker Ratsherrn Hinrich Castorp im Jahre 1473 nach jahrelangem Streit mit England einen überlegenen diplomatischen Erfolg errungen hatte, stöhnten die Engländer auf, man wolle lieber mit allen Fürsten der Welt verhandeln als mit hansischen Ratssendeboten.
Längst schon hatte sich der Lübecker Kaufmann, der in den Anfangsjahren der Stadt auf eigene Faust ins Ungewisse gefahren war, zu dieser Zeit mit seinesgleichen zusammengetan. Jene, die vornehmlich mit Schonen, Bergen, Riga und

Lübecker Schiffssiegel aus dem Jahr 1256. Bis zum Jahr 1800 wurde es zur Beglaubigung von wichtigen Urkunden und Verträgen der Stadt benutzt. Symbolhaft für das Lübecker Handelsleben sind auf dem Siegel eine Kogge, ein Kaufmann und ein Schiffer abgebildet. Links: Siegelstempel (Negativform), rechts: Wachssiegelabguß.

LVBECA VRBS IMPERIALIS LIBERA CIVITATVM WA
MOENIA QVÆ CONSTRVCTA VIDES CONCORDE FIGVRA
MAIORVM POSVIT STVDIIS CONCORDIBVS ÆTAS
HÆC SI SALVA VELINT QVIBVS VRBIS CREDITA CVRA EST
CONCORDES ANIMIS VRBEM TVEANTVR, AB ILLA
EXVLET ANCIPITIS GENITRIX DISCORDIA BELLI.

Lübecker Stadtansicht von Johann Willinges aus dem Jahr 1596. Das Bild befindet sich im Besitz der Industrie- und Handelskammer zu Lübeck.

Nowgorod Handel trieben, hatten es für vorteilhaft gehalten, eigene »Compagnien« zu gründen. Um so besser konnte man gemeinsame Interessen wahrnehmen, Privilegien aushandeln und die Handelswege sichern. Den Fahrer-Compagnien, die später auch als Korporationen oder »commercierende Kollegien« bezeichnet wurden, gesellte sich im 15. Jahrhundert die vornehme Kaufleute-Compagnie hinzu. Schließlich wurden auch die Krämer und Gewandschneider in die erlauchte Runde aufgenommen.
Im Rathaus aber hatten über Jahrhunderte hinweg die reichen und vornehmen Kaufleute das Wort. Der gemeine Bürger hatte keinerlei Einfluß auf die Regierungsgeschäfte. Und deshalb murrte das Volk gelegentlich sehr unwillig auf, besonders dann, wenn es mehr Steuern zahlen sollte, um die Löcher im Stadtsäckel stopfen zu helfen. 1384 hatten die Knochenhauer sogar geplant, sämtliche Ratsmitglieder zu ermorden. Der Anschlag wurde rechtzeitig entdeckt, und statt den Ratsherren ging es den Rädelsführern der Knochenhauer an den Kragen. Ihr Zorn hatte sich nicht zuletzt an dem Beschluß des Rats entzündet, der mit einer Abgabenerhöhung die erheblichen Kosten hatte auffangen wollen, die durch den Besuch Kaiser Karls IV. in Lübeck entstanden waren.
Knapp 30 Jahre später mußte sich der Rat erneut an die Bürger wenden und um eine Steuererhöhung nachsuchen. Die Verlegung des Mühlentors, der Bau der Holstentorbrücke, der Wiederaufbau des abgebrannten Marstalls und vieles andere mehr hatten das städtische Budget restlos erschöpft. Die Bürger, vor allem Handwerker und Kaufleute aus den Fahrer-Compagnien, bildeten einen Sechziger-Ausschuß, forderten Einblick in die Finanzen der Stadt und Mitbeteiligung an der Staatsgewalt. Der Rat lehnte diese Forderungen mit dem Bemerken ab, daß darunter das »obrigkeitliche Ansehen und die Ehre der Stadt« leiden würden. Die Bürger aber ließen nicht locker, erkämpften sich Sitz und Stimme im Rat und konnten erst 1416 nach Einschaltung des Kaisers und des dänischen Königs dazu gezwungen werden, das Rathaus wieder zu räumen. Nachdrücklich wurde ihnen dabei untersagt, neue Unruhe zu stiften und des »Rates Herrlichkeit zu mindern oder zu verändern«. Mehr als 100 Jahre später versuchten die Bürger im Zuge der Reformation, abermals Einfluß zu nehmen auf die Zusammensetzung des der lutherischen Lehre abgeneigten Rats. Ihr Wortführer war Jürgen Wullenwever, ein unbedeutender Kaufmann, dem es dennoch gelang, das Kommando der Stadt zu übernehmen. Doch schon 1536, drei Jahre nach seinem Amtsantritt als Bürgermeister, erlitt er mit seinen unrealistischen politischen Zielsetzungen Schiffbruch. Jürgen Wullenwever wurde von Herzog Heinrich von Braunschweig festgesetzt und nach peinlichem Verhör (Folter) in Wolfenbüttel enthauptet. Der alte Rat übernahm wieder die Macht. Erst 1669 konnten es die Bürger durchsetzen, an der Stadtverwaltung nachhaltig und auf Dauer Anteil nehmen zu können. Es saßen nun nicht mehr die einflußreichen Kaufleute allein im Rat, sondern auch jene aus den Reihen der übrigen Kolle-

Landungsplatz – aus einer alten Handschrift.

gien. Die Compagnien hatten bis zum Jahre 1853 Bestand, dann vereinigten sie sich zu einer gemeinsamen Kaufmannschaft.

Von den Compagnien im einzelnen wird im folgenden die Rede sein, von Glanz und Blüte des Lübecker Handels, aber auch von den Schwierigkeiten, sich wachsender Konkurrenz gegenüber behaupten zu müssen. Über Auseinandersetzungen der Kaufleute um Macht und Einfluß innerhalb der Stadt wird ebenso schlaglichtartig berichtet werden wie über ihre Bemühungen, sich zu einer gemeinsamen Kaufmannschaft zusammenzuschließen. Auch von manch kleinlichen Querelen unter den Compagnien wird zu sprechen sein.

Was am Ende zählt, ist das große Vermächtnis, das die Kaufleute der Nachwelt hinterlassen haben. Mit abwägendem Wagemut haben sie es verstanden, Lübeck zur »Königin der Hanse« emporblühen zu lassen. Und sie waren stolz darauf gewesen, den Hügel zwischen Trave und Wakenitz zu einem weithin sichtbaren Symbol ihrer Macht herzurichten. Noch heute zeugen die stolz aufragenden Kirchen der Stadt und die prachtvollen Backsteinhäuser nicht nur vom frühen Wohlstand der Kaufleute, sondern auch von ihrem Bestreben, ihre Macht auch nach außen hin wirkungsvoll zu demonstrieren.

Sie waren zudem Vermittler der Kultur und Wissenschaft nach Nord- und Osteuropa sowie Künder und Träger des Lübecker Rechts, das für den gesamten Ostseeraum maßgebend werden sollte. Bei allem persönlichen Reichtum aber fühlten sie sich stets auch dem Wohle des Nächsten verpflichtet. So darf Lübeck für sich in Anspruch nehmen, schon seit dem frühen Mittelalter über ein Netz der »sozialen Sicherung« zu verfügen wie kaum eine andere deutsche Stadt. Seit jeher war es den Kaufleuten ein selbstverständliches Anliegen gewesen, durch Stiftungen, Legate und direkte Geldzuwendungen in wohltätiger Weise zu wirken.

Das Heiligen-Geist-Hospital mag dabei als ältestes Zeugnis solch mitmenschlicher Fürsorge gelten. Der Lübecker Kaufmann und Ratsherr Bertram Morneweg hatte es in den 70er Jahren des 13. Jahrhunderts erbauen lassen, um damit kranken Leuten Heim und Pflege zu geben. Die Namenliste der Kaufleute, die durch mildtätige Stiftungen bis auf den heutigen Tag Segensreiches bewirkt haben, ließe sich beliebig fortsetzen. Über Füchting, Wickede und Glandorp spannt sich der Bogen bis hin zu Possehl, Dräger und Rodolfo Groth. Wägen und Wagen war nicht nur das Leitmotiv für die Bemühungen, den eigenen Wohlstand zu begründen und zu mehren, es hatte auch zum Inhalt, der Stadt und ihren Bürgern zu dienen.

Heringsahm aus dem Jahre 1469. Das 36 Zentimeter hohe Gefäß mit einem Rauminhalt von 14 Litern (!) wurde als Maß für Heringe verwendet.

Der Hering – das »Gold der Ostsee«

Schonenfahrer erobern den Markt

Ein böiger Nordostwind peitschte am 6. Juni 1276 über die Ostsee, als der Lübecker Kaufmann Hans Rademaker mit seinem Schiff von Lübeck aus in Richtung Schonen in See stach, um dort seine Salzfracht gegen eine Heringsladung einzutauschen. Kaum hatte er die Travemündung passiert, als eine plötzliche Windbö die Segel zerfetzte und die Masten zersplitterte. Mit Mühe und Not konnte Hans Rademaker das Schiff wenden und sich zwischen die schützenden Ufer der Trave zurückziehen. Mochte er auch sein Leben und das der Mannschaft gerettet haben, das lukrative Geschäft in Schonen war ihm entgangen.

Andere Lübecker Kaufleute hatten da mehr Glück gehabt, waren, von Wind und Wetter begünstigt, zu rechter Zeit in Falsterbo und Skanör angelandet. Es waren die beiden Hauptorte auf der hammerförmigen Halbinsel im heutigen Schweden, die damals aber – bis 1658 – zum dänischen Königreich gehörten.

Schonen hatte die Lübecker Kaufleute gleichsam seit Gründung der Stadt angelockt. Denn vor der Küste dieser Halbinsel hatte sich schon seit jeher im Frühsommer der Hering in unglaublich dichten und massenhaften Schwärmen angesammelt. Die dortigen Fischer brauchten ihre Netze nur kurz auszuwerfen, um schon im nächsten Augenblick reiche Beute gemacht zu haben.

Der Hering war damals das »Gold der Ostsee«, denn neben Brot und Bier war er das verbreitetste und billigste Nahrungsmittel im Mittelalter, zumal es an Dauerwaren, abgesehen vom Salzfleisch, noch völlig fehlte. Im Binnenland war der in Tonnen eingesalzene Hering zudem oft die einzig mögliche Speise für die zahlreichen Fastentage der katholischen Kirche. Wer den Heringshandel beherrschte, besaß im Mittelalter eine wirtschaftliche Machtstellung ohnegleichen.

Lübecks Kaufleute hatten dies schon früh erkannt und fanden sich in jedem Frühsommer in Schonen zusammen, um ihre Schiffe mit Heringstonnen vollzuladen. Aber nicht nur sie, sondern auch Kaufleute aus anderen Hansestädten – von Kampen an der Zuidersee bis Danzig und Reval im Osten – versammelten sich zu Hunderten auf der Halbinsel, wo die bedeutendsten Städte ihre eigenen »Fitten« – langgestreckte, schmale Grundstücke – besaßen.

Und alles drehte sich um den Hering in diesen kurzen Wochen des Frühsommers. Vögte der Städte sorgten für Ordnung und übten auch die Gerichtsbarkeit über die Bürger aus. Böttcher aus den hansestädtischen Zünften stellten die Tonnen her, in die der Hering gesalzen verpackt wurde, und die Heringswraker achteten auf die Einhaltung der Verpackungs- und Gewichtsvorschriften.

Im harten Konkurrenzkampf unter den Kaufleuten hatten die Lübecker dabei das Plus aufzuweisen, ihre Schiffe auf der Hinfahrt nach Schonen mit dem kostbaren Salz aus Lüneburg beladen zu haben, ohne das der Heringshandel schließlich gar nicht möglich gewesen wäre. Allein aus diesem Grunde schon nahmen sie von Anfang an eine dominierende Stellung auf dem Heringsmarkt in Schonen ein.

Schon bald aber sollten die Heringe nicht nur Kaufleute anlocken, sondern auch Gastwirte, Goldschmiede, Pelzhändler und manch andere Handeltreibende, die hier Waren aus allen Teilen des nördlichen Europa feilboten. Der Heringsmarkt entwickelte sich so bereits zu Beginn des 13. Jahrhunderts zu einer bedeutenden europäischen Messe, einem sommerlichen Umschlagsplatz ersten Ranges, wie er in dieser Weise nur vergleichbar war mit der großen Champagne-Handelsmesse in Frankreich. Schonenfahrer nannten sich aus gegebenem Anlaß denn auch jene Kaufleute, die seinerzeit mit Wagemut aufs Meer hinaussegelten, um mit Gewinn wieder heimzukehren.

Im Laufe des 13. Jahrhunderts bildete sich indes ein anderer Typus des Kaufmanns heraus. Nicht mehr er selbst nahm das Ruder des Schiffes in die Hand, um die Waren zu befördern, sondern er überließ diese Tätigkeit fortan einem Schiffer oder Kapitän. Der Platz des Kaufmanns war nun vornehmlich im Kontor. Von hier aus führte er die Korrespondenz und gab seinen »Gesellen« (Kaufmannsgehilfen), die er zur weiteren Ausbildung nach Bergen, Riga oder Reval geschickt hatte, geschäftliche Anweisungen.

Kaufmannskontor im Mittelalter.

Lebhaftes Treiben an einem Fischstand. Hering und Dorsch gehörten im Mittelalter zu den Hauptnahrungsmitteln der Bevölkerung.

Noch bis ins 16. Jahrhundert hinein blieb der schonische Fischhandel eine der wesentlichsten Grundlagen des Lübecker Kaufmannsgeschäftes. Erst mit dem Wandel der politischen Verhältnisse im Norden, dem Drang der skandinavischen Staaten nach Übernahme des Handels in eigene Regie, wie auch mit dem plötzlichen, jahrelangen Ausbleiben der Heringsschwärme verlor dieser Wirtschaftszweig an Bedeutung.

Nun hatten die Schonenfahrer allerdings schon früh keineswegs nur mit Heringen gehandelt, sondern mit allen Großhandelsgütern, die seinerzeit im Angebot waren. Sie waren Fernhändler großen Stils und hoben dies denn auch in späteren Jahrhunderten bei jeder sich passenden Gelegenheit immer wieder mit Nachdruck hervor. Sie beanspruchten bis ins 19. Jahrhundert hinein das »Directorium« über sämtliche kaufmännische Compagnien, die sich im Laufe der Zeit noch bilden sollten. Und dieser Anspruch gab nicht selten Anlaß zu erheblichen Differenzen zwischen ihnen und den übrigen Korporationen.

War der Kaufmann am Anfang des Lübecker Handels und Wandels noch weitgehend auf sich allein angewiesen gewesen, so hatte er doch schon bald erkannt, daß man gemeinsam mehr bewirken könne. Allein schon in puncto Sicherheit, denn auf der Ostsee trieb sich schließlich manch loses Gesindel umher, das es nur darauf abgesehen hatte, die vollbeladenen Kaufmannsschiffe auszuplündern. Ebenso wichtig aber war es auch, in fremden Häfen und Städten gemeinsame Interessen zu vertreten, Privilegien auszuhandeln und Niederlassungen (Kontore) einzurichten, in denen man seine Geschäftsbeziehungen vor Ort besser spielen lassen konnte.

In welchem Jahr sich die Schonenfahrer erstmals zu einer Gemeinschaft zusammengeschlossen haben, ist ins Dunkel der Geschichte gehüllt. Die älteste Urkunde datiert aus dem Jahre 1378. Darin wird über die Wahl der Älterleute, des Vorstands der Gemeinschaft berichtet, wie auch über die Forderung der Brüder, »dat se disse kumpanye vaster wolden maken und e dat desse de bet vorstan worde«. Den Älterleuten war demnach aufgetragen worden, die Vereinigung noch fester zusammenzuschweißen und ihr nach besten Kräften vorzustehen. Folglich wird die Gründung der Schonenfahrer-Compagnie schon früher erfolgt sein. Schließlich hatte der Lübecker Kaufmann Hinrik Stripederok der »societati mercatorum in dem Schonschen Schuttingh« durch Legat in seinem Testament bereits am 30. Mai 1365 zwei Tonnen Bier vermacht, die die Genossen zur Erinnerung an ihn fröhlichen Herzens austrinken sollten.

Der Schütting war das Amtshaus der Schonenfahrer. Hier, in der Mengstraße 18, versammelte man sich zu gemeinsamen Beratungen wie auch zu festlichen Zusammenkünften. Auch die anderen Compagnien, die sich in den folgenden Jahren bildeten, hatten durchweg ihre eigenen Schüttinge. Die Nowgorodfahrer hatten sich im Schüsselbuden 12 einquartiert, einige Häuser weiter war der Amtssitz der Krämer-Compagnie, in der Breiten Straße 67 residierten die Bergenfahrer, und die Kaufleute-Compagnie besaß ein Haus in der Breiten Straße 6, dem Sitz der heutigen Industrie- und Handelskammer. Die Riga- und Stockholmfahrer trafen sich zu ihren Versammlungen dagegen im Schütting der Schonenfahrer.

Alle diese Gebäude sind im vorigen Jahrhundert der Spitzhacke zum Opfer gefallen. Geblieben ist nur das Haus der Schiffergesellschaft, das noch einen Eindruck davon vermittelt, wie es in den Schüttingen der Kaufleute ausgesehen haben mag. Der Schiffergesellschaft aber gehörten nur die Schiffer an. Zu den Kaufleute-Compagnien hatten sie keinen Zutritt.

Es spricht für frühen Wohlstand der Schonenfahrer, daß sie ihr mehrstöckiges Amtshaus bis zum Jahre 1440 schuldenfrei gemacht und mit prächtigem Inventar ausgestattet hatten. Bereits 1396 hatten sie zum Bau einer neuen Orgel in der Marienkirche eine stattliche Summe gespendet, wofür ihnen ein Altar im südlichen Seitenschiff der Kirche zugestanden worden war.

Großen Wert legten die Schonenfahrer von Anfang an auf die Ausbildung des

Zwei Bankwangen des 1942 durch Bomben zerstörten Schonenfahrergestühls in der Marienkirche. Links die heilige Dorothea, darüber das Heringswappen, rechts der heilige Christophorus und der Doppeladler.

kaufmännischen Nachwuchses. In des »Kaufmanns Buch«, das im Schütting auslag, mußte jeder Junge, der den »Travenhandel« (Großhandel) erlernen wollte, eingetragen werden. Hier wurde er auch in Gegenwart seines Lehrherrn und der Älterleute der Compagnien ermahnt, jenem »frömmlich, fleißig und treulich« sechs Jahre lang zu dienen. Die Schonenfahrer führten über die Dienstjungen-Ordnung strenge Aufsicht und achteten unnachgiebig darauf, daß sie von beiden Seiten befolgt wurde.
Dennoch kam es immer wieder vor, daß die Jungen nicht ordnungsgemäß angemeldet wurden, daß sie sowohl an der Trave als auch anderswo auf eigene Faust Geschäfte trieben und ihre Lehrzeit nicht durchhielten.
Noch im Jahre 1609 sahen sich die Schonenfahrer daher veranlaßt, erneut auf die alte Ausbildungsordnung hinzuweisen: Jeder Kaufmann, der einen Lehrling anzunehmen wünsche, habe dies dem Schonenfahrer-Ältesten mitzuteilen. Wenn das nicht geschähe, so solle der Junge künftig zu keiner Handlung »oder andern bürgerlicher Nahrung« zugelassen werden, es sei denn, daß die Anmeldung nur durch Schuld des Lehrherrn versäumt worden sei. Beide hätten sich dann zum Schütting zu begeben, wo Versäumtes nachzuholen sei. Gegen Zahlung eines Talers »der löblichen Gesellschaft zum Besten« könne der Lehrherr seinen Jungen dann nachträglich zum Kaufmannsdienst verpflichten lassen.
Nach der Eintragung in des »Kaufmanns Buch« sollte sich der Lehrjunge für schuldig halten, »seinem Herrn und der Frau mit allem getreuen Fleiß und Gehorsam in allen Gewerben, auch sonst mit gebührender Arbeit, und was ihm also anbefohlen werde, ehrlich und redlich zu dienen und aufzuwarten«. Sollte der Junge seinem Lehrherrn entlaufen, »so solle er in dieser Stadt bei keinem Kaufmann zu Diensten hinferner gestattet noch gelitten werden«.
Vorgeschrieben war eine Lehrzeit von sechs Jahren. Anschließend sollte sich der junge Kaufmann zwei Jahre »mit seines Herrn Gelde und Gütern an anderen Örtern, es sei zu Wasser oder zu Lande, weiter gebrauchen lassen«. Wenn er danach ein Zeugnis der Schonenfahrer bei der Wette (Polizeibehörde für Handel und Gewerbe) vorzeigen könne, solle er zum Handel »an der Trave, in offenen Buden oder Kellern« zugelassen werden.
Der Kaufmannsgehilfe konnte sich nach beendeter Lehrzeit jedoch nicht nach Belieben ins Ausland absetzen, sondern durfte nur im Auftrag und für Rechnung seines Herrn in einer von jenem ausgesuchten Stadt tätig werden. Ein geschickter Schachzug, mit dem der Lübecker Kaufmann die Ausbildung der Lehrlinge ebenso förderte wie sein eigenes Geschäft.

Schonenfahrergestühl in St. Marien. Die im Jahre 1506 anstelle früheren Gestühls aufgestellten Kirchenbänke wurden beim Bombenangriff 1942 zerstört.

Auf einsamem Kurs nach Norwegen

Vom harten Los der Bergenfahrer

Wenige Jahre nach der Gründung der Schonenfahrer-Compagnie fanden sich auch die Bergenfahrer zu einer eigenständigen Korporation zusammen. Den Grundstein für den aufblühenden Handel mit Norwegen hatte Lübeck allerdings schon in der zweiten Hälfte des 13. Jahrhunderts gelegt. Nachdem eine Fehde mit Norwegens König Hakon ausgestanden war, die zum Schluß darin gegipfelt hatte, daß Lübeck den Norwegern überhaupt nichts mehr liefern wollte, hatte der König am Ende eingelenkt und den Lübeckern im Jahre 1250 zusätzliche Privilegien zugestanden, die es ihnen ermöglichten, sich in Zukunft gleichsam nach Belieben im Lande auszubreiten. Schließlich war Norwegen auf die Zufuhr hansischer Güter, vor allem auf Getreide, Mehl und Malz, dringend angewiesen. Die Lübecker waren natürlich auch froh, daß der Wirtschaftskrieg mit Norwegen ein so positives Ende gefunden hatte und sie nun ihrerseits mit Stockfisch, Tran, Teer und Fellen wieder nach Hause segeln konnten.
Das Bergener Stadtrecht von 1276 erlaubte es den Lübeckern sogar, eigene Höfe zu erwerben oder zu mieten. Sie konnten nunmehr, was früher nicht möglich war, auch den Winter über in Norwegen bleiben. Die Basis für die Einrichtung des späteren Kontors in Bergen war geschaffen.
Von allen commercierenden Kollegien – so nannte man die Kaufleute-Korporationen insgesamt – haben es die Bergenfahrer am besten verstanden, ihre aus dem Mittelalter stammenden Privilegien zu bewahren. Bis ins 18. Jahrhundert hinein konnten sie in Bergen wirtschaftliche Vorteile genießen, die anderen längst genommen waren – und das, obwohl sich die Zeiten, in denen ihnen diese Privilegien einst gewährt worden waren, längst geändert hatten.
Seit jeher hatten die Bergenfahrer ihren eigenen Kurs gesegelt. Mit den Kaufleuten, die im Ostseehandel tätig waren, verband sie nur wenig.
Und dennoch sollte es zwischen ihnen und den übrigen Kollegien in der Mitte des 17. Jahrhunderts zu einem handfesten Krach kommen. Dies war der Anlaß gewesen: Im Sommer des Jahres 1650 verfrachtete ein Schonenfahrer ein Schiff an einen Bürger in Bergen. Da der Verkauf nicht zustande kam, ging das Schiff in Fracht nach Lübeck zurück. Protest von seiten der Bergenfahrer: Seit alters her stünde ihnen das alleinige Recht zu, zwischen Norwegen und Lübeck Handel zu treiben. Die Wette belegte den Schonenfahrer-Kaufmann daraufhin mit einer Geldbuße von 100 Talern.
Einspruch der Schonenfahrer: Der Kaufabschluß sei nicht mit einem Bürger von

Bergen getätigt worden, sondern mit einem »Überstrandischen«, mit einem nördlicher wohnenden Norweger. Und für jene sei das aus dem Mittelalter herrührende Monopol nun einmal nicht bindend. Zum anderen, so warfen sie den Bergenfahrern vor, handelten sie selbst den alten Privilegien zuwider, indem sie sich nicht auf den Lübecker Handel beschränkten, sondern auch Ware nach Holland ausführten. Außerdem trieben sie Mißbrauch mit eingeführten Fischen. Die schlechten verhökerten sie in Lübeck, die besseren dagegen setzten sie mit höherem Gewinn in anderen Städten ab.

Und überhaupt gereiche es Lübeck zum Schaden, wenn die Kaufleute der Bergenfahrer wegen auf den Handel mit Stavanger und weiter nördlich gelegenen Regionen verzichten müßten. Tausende von Mark gingen verloren, und der Handel mit Häuten, Tran, Talg, Teer, Butter und Fisch fließe dadurch den Fremden zu.

Die Bergenfahrer beharrten auf ihrem Recht und hängten in ihrem Schütting ein Plakat auf, das allen, die ihrer Ordnung zuwiderhandelten, strenge Strafen androhte. Die Schonenfahrer ließen sich dadurch in keiner Weise einschüchtern und widersprachen auch nachdrücklich dem im August 1660 vom Lübecker Rat erlassenen Mandat, mit dem den Kaufleuten die freie Fahrt nach Norwegen verboten wurde. Ebenso energisch bekämpften sie das von den Bergenfahrern an den König von Dänemark gerichtete Gesuch, er möge doch darauf sehen, daß außer ihnen kein anderer nach Trondheim und anderen norwegischen Plätzen Handel treiben dürfe.

Als im Jahr 1689 ein Schonenfahrer von den Bergenfahrern verklagt wurde, weil er Kommissionsgüter aus Norwegen beziehe, forderte das Schonenfahrer-Kollegium für seine Brüder die grundsätzliche

Einstiger Schütting der Bergenfahrer in der Breiten Straße. Renaissancegiebel mit Terrakottenbändern. Der Portalteil wurde bei Putzarbeiten bereits vor 1800 vernichtet.

Freiheit, mit allen Kaufmannswaren zu handeln. Die Beschwerde der Bergenfahrer sei nur eine »jalousie, weil jene sich nicht in ihre Zunft begeben«. Und was der Hinweis auf die alten Privilegien angehe, so hätten sich die Zeiten nun einmal geändert. Auch sie selbst hielten ja schon längst nicht mehr an ihren alten Ordnungen fest.

Die Bergenfahrer aber drangen in den Rat, sie zu unterstützen. Laut beklagten sie den Verfall ihrer einst so reichen Nahrung infolge des Kommissionshandels mit fremden Waren, wozu vornehmlich Fische, Leder, Talg und Tran zu rechnen seien.

Der Rat stellte dies den übrigen Kollegien vor und fragte an, ob man der Bergenfahrer-Zunft nicht helfen könne, »daß sie wohl nicht crepiren und ganz wegfallen möchte«. Doch die anderen Kollegien stellten sich stur. Die Bergenfahrer trieben seit einiger Zeit ja selbst Kommissionshandel, und keiner werde ihn aufgeben, wenn nicht jene es zuerst täten.

Kurz darauf, im Jahre 1703, legte ein großer Brand in Bergen auch das Kontor in Schutt und Asche. Auf Antrag des Rats bewilligten die Schonenfahrer 1000 Taler aus der Stadtkasse für den Wiederaufbau des Handelshofes. Die Rigafahrer murrten zwar über diesen Griff in die Kasse. Da die Bergenfahrer den übrigen Kaufleuten die Fahrt nach Bergen streitig machten, seien andere schließlich auch nicht gehalten, für den Wiederaufbau des Kontors etwas beizusteuern. Dagegen machte der Rat geltend, daß es sich hier um öffentliche Gebäude handelte, an denen die ganze Freiheit hänge. Die Staven kosteten die Bergenfahrer schon jährlich genug, und Hamburg und Bremen würden Lübeck gern »das directorium aus den handen spielen«. Der Betrag wurde dann einstimmig bewilligt.

Auch in der Folgezeit wogte der Streit um den freien Handel mit Bergen hin und her. Die Bergenfahrer pochten nach wie vor auf die alten Privilegien, die übrigen Kollegien forderten gleiches Recht für alle. Früher, so hielten die Schonenfahrer den Bergenfahrern vor, sei niemand in ihren Compagnien gewesen, der nicht in Bergen gedient hatte oder ein Sohn oder naher Verwandter desselben gewesen sei. Jetzt aber nähmen sie in ihrer Gesellschaft alle an, die nur ihre 20 bis 25 Taler oder noch weniger entrichteten. So käme es allmählich dazu, daß niemand nach Bergen handeln dürfte, als wer in ihrer Compagnie sei und »sozusagen keinen stock noch stiel am Conthor stehen hat«.

Die Bergenfahrer zeigten sich verbittert über die unnachgiebige Haltung der übrigen Kaufleute. »Euer Kollegium«, so warf Bergenfahrer-Ältermann Melzer dem Schonenfahrer-Ältermann Froböse bei einer Zusammenkunft an den Kopf, »könnte wohl auch beschließen, daß Ihr uns Bergenfahrer solltet die Köpfe abhauen.« Worauf Froböse entgegnete: »Wenn Ihr solches hättet verschuldet, so wäre der Scharfrichter davor, der würde dann bald sein Amt verrichten.«

Wenn auch der Scharfrichter nicht Hand an die Bergenfahrer gelegt hatte, so

Das Handelskontor eines Fernkaufmanns.
Unter den Gewölben stapeln sich die Waren aus allen Teilen Europas, die für den Weiterversand zusammengestellt werden.

ging es mit ihrem Handel dennoch immer weiter bergab. Im Jahr 1760 sahen sie sich nicht mehr in der Lage, »den bisher mit vieler Mühe geretteten Bergischen Hafen länger zu unterhalten«. 14 Jahre später ging das Kontor ein. Die Zahl der Mitglieder in der Bergenfahrer-Compagnie schrumpfte immer weiter zusammen, bis man im Jahre 1822 schließlich ganz darauf verzichtete, neue Brüder aufzunehmen. Wer dennoch weiter als Bergenfahrer gelten wollte, war gehalten, sich in die Liste der Schonenfahrer einzuschreiben.

Donnerwetter über dem Wolchow

Zar Iwan III. vertreibt die Nowgorodfahrer

Die Lübecker Kaufleute hatten von Anfang an nicht nur auf ein Faustpfand gesetzt. Ihre Koggen legten überall dort an, wo sich der Handel zu lohnen schien. In Schonen und Bergen ebenso wie vor den Küsten Livlands. Diesen Kurs hatten sich die Nowgorodfahrer abgesteckt. In Nowgorod, dem Stapelplatz der Waren aus der russischen Tiefebene, stand der hansische Kontorhof Peterhof. Die Lübecker Schiffe segelten damals bis Kronstadt vor der Newamündung und die Newa aufwärts durch den Ladogasee bis zur Wolchowmündung. Hier wurden die Güter in die Stromschiffe, die Lodgen, umgeschlagen. Bis nach Nowgorod aber war es noch weit. Fast 200 Kilometer mußten die Binnenschiffe zurücklegen, bis sie über den Wolchow die russische Handelsmetropole erreicht hatten.

Die Nowgorod-Fahrt war ebenso gefahrvoll wie einträglich. Einerseits brachte es guten Gewinn, feine Tücher aus Flandern gegen derbe Felle aus Rußland einzuhandeln, andererseits bargen die weite Entfernung, das rauhe Klima und nicht zuletzt die Politik des Zaren manche Unwägbarkeiten in sich. Im Jahre 1494 sollte sich das ferne Grummeln denn auch zu einem mächtigen Donnerwetter entladen. Der Peterhof wurde von den Russen ausgeplündert, die Kaufleute wurden gefangengesetzt. Zar Iwan III. zerriß mit rauher Hand die Verträge, auf denen bis dahin aller Handel mit den Russen beruht hatte.

Man wollte die Handelsgeschicke des Landes selbst in die Hand nehmen und sich nicht mehr länger von den Hansen vorschreiben lassen, zu welchen Preisen und Konditionen zum Beispiel ein Zobel zu vermarkten sei. Wie England danach strebte, die hansische Vormacht im Stalhof zu brechen, wie Dänemark und Schweden erkannten, daß sie in Wirtschaftsfragen selber tonangebend werden müßten, so war auch das Ziel der russischen Politik darauf gerichtet, die Grenzen des Landes bis an die Ostseemündungen ihrer Ströme auszudehnen, um dann um so besser den Handelsverkehr dirigieren zu können. Unter den mächtigen Schwerthieben der Russen sank der Zweig des Deutschen Ordens, der bis dahin Livland beherrscht hatte, in Trümmer. Während sich Reval unter schwedischen Schutz stellte, etablierte sich 1558 in dem eroberten Narwa der erste russische Seehandelsmarkt. Die Nowgorodfahrer paßten sich den veränderten Gegebenheiten an und nahmen fortan Kurs auf Narwa. Doch sie hatten die Rechnung ohne die Schweden gemacht. Eifersüchtig blickten jene auf das blühende Handelsleben in Narwa, während sie gleichzeitig den Ruin ihrer

Der Nowgorodfahrer-Schütting, ehemals Schüsselbuden 12. Von 1687 bis 1853 Eigentum der Nowgorodfahrer-Compagnie.

Geschäfte in Reval befürchteten. Sie setzten daher alle Kräfte daran, auch Narwa in ihren Besitz zu bringen – und es gelang ihnen. Narwa blieb den Lübeckern für lange Zeit verschlossen.
Die Nowgorodfahrer aber verzagten nicht. Sie beschworen den Rat, alles daranzusetzen, um die alten Handelsbeziehungen mit Nowgorod wieder aufleben zu lassen, weil sie den direkten Handel mit den Russen nicht entbehren und nicht vom Zwischenhandel mit Reval abhängig sein wollten. Auf ihr Betreiben hin machte sich im Jahre 1603 eine Lübecker Gesandtschaft unter Führung von Bürgermeister Garmers auf den beschwerlichen Weg nach Moskau, um dort über die Förderung des Handels zwischen Lübeck und Rußland zu verhandeln. Die Reise war sehr teuer und das Ergebnis im höchsten Maße unbefriedigend. Nur für Lübeck hatte man Zollvorteile erwirken können – allerdings nicht auf lange Sicht. Dennoch ließen die Nowgorodfahrer nicht locker. Sie wiesen darauf hin, daß die Engländer die Route durch das Weiße Meer nach Archangelsk entdeckt hätten und jetzt von Norden in Rußland eindrängen, daß sich die Holländer in Rußland überall wie zu Hause fühlten und vom Zaren begünstigt würden, daß auch Hamburg und Bremen nur darauf warteten, den russischen Handel für sich zu gewinnen.
Die Ratsherren wiegten ihre Köpfe dennoch bedenklich hin und her und erklärten sich angesichts der schwierigen politischen Lage außerstande, im Osthandel Entscheidendes zu bewirken. Die Nowgorodfahrer zeigten sich verstimmt und drängten auf Rückzahlung der Kosten, die sie für die Gesandtschaft nach Moskau investiert hatten. Bürgermeister Garmers jedoch hielt ihren Älterleuten in der Kriegsstube des Lübecker Rathauses das Unbillige ihrer Forderung

dar. Es sei doch geradezu grotesk, daß sie sich nachträglich vor den Kosten für die Entsendung der Gesandtschaft drücken wollten, die doch nur in ihrem ureigensten Interesse auf die Reise geschickt worden sei.
Ungeachtet solcher Einsprüche aber setzten die Nowgorodfahrer ihre Bemühungen fort, den Handel mit dem Osten wieder aufleben zu lassen. Im Jahre 1636, als es nach dort beendeten Kriegswirren an der Zeit schien, die Höfe wieder neu zu besiedeln und zu beschicken, stimmten alle übrigen Kollegien mit ihnen überein, daß die »Reußische oder Nowgortere Handlung ein hochausnemlich Ding sei, darauf fast diese ganze Stadt in dero Fundation ihr Absehen gehabt, unsere Vorfahren sehr wol dabey gefahren und mechtig diese Republica dadurch prosperiret«.
Doch die Höfe waren verwüstet, die Häuser mit Einquartierungen belegt. Auf eigenes Risiko sandten die Nowgorodfahrer Anton von Erppen, einen der Ihren, nach Rußland, der unter dem Schutze eines Geleitbriefs des Lübecker Rats vor Ort Pläne für den Neuaufbau der zerstörten Handelshöfe erstellen sollte. Doch auch seine Mission verlief im Sande.
Inzwischen hatten die Nowgorodfahrer Schützenhilfe von den Bergenfahrern erhalten. Gemeinsam legten sie dem Rat im Herbst 1637 noch einmal dar, daß man »jetzt das Werk doch nicht zum Despekt der Stadt draußen liegen lassen könne«. Der Appell hatte Erfolg. Die Compagnien bewilligten für die Fertigstellung der Gebäude und die Einfriedigung des Hofes ein Darlehen, das mit fünf Prozent Zinsen zurückerstattet werden sollte. Dennoch erreichte der Handel mit Rußland nie mehr die Blüte wie zu Zeiten des Peterhofes in Nowgorod.

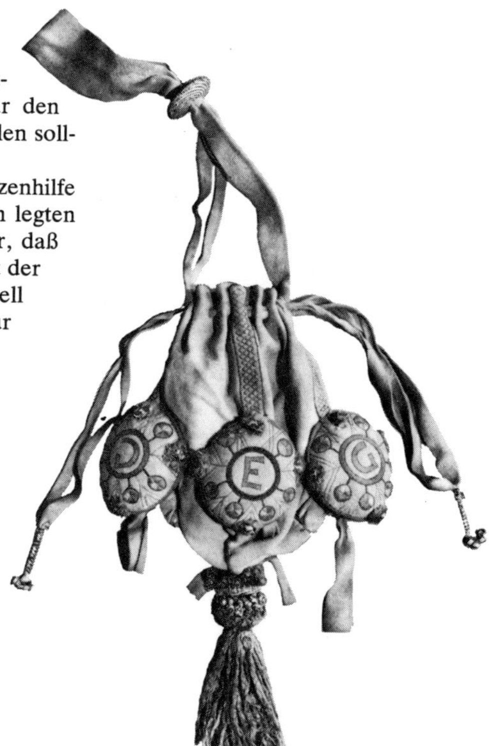

Geldbeutel mit kleinen Taschen zur Aufnahme unterschiedlicher Münzen.

Schutzgeleit für Handelsflotten

Seeräuber lauern den Rigafahrern auf

Mit den Nowgorodfahrern eng verwandt war die Compagnie der Rigafahrer. Die wirtschaftliche Blüte dieser Stadt beruhte nicht nur auf ihrer günstigen Lage an der Düna, sondern auch darauf, daß in keiner anderen Stadt Livlands das Leben und der Verkehr mit den Russen so sehr Tradition war und man sich wohl nirgends auf russische Sitten und Anschauungen wie auch auf die Schwächen des Nachbarn besser verstand als eben hier. Riga, in Livland gelegen, war eigentlich ein blühender russischer Markt.

Zwischen dem 13. und dem 15. Jahrhundert florierte der Handel zwischen Riga und Lübeck in ungeahntem Ausmaß. Allein im Jahr 1450 stach von Lübeck aus eine Flotte in Richtung Riga in See, an der 100 Kaufleute der Stadt beteiligt waren. Der Gesamtwert der verladenen Güter, hauptsächlich Gewürze, Südfrüchte, Tuche und Salz, belief sich nach heutigem Warenwert auf mehrere Millionen Mark.

Nun hatten sich die Schiffe nicht ohne Grund gleich zu einer ganzen Flotte im Hafen versammelt. Der Ostseetörn war nicht ohne Gefahren, und wer sich mit seinem Schiff damals allein auf die Wogen hinauswagte, mußte das Risiko in Kauf nehmen, von Seeräubern überfallen zu werden.

Seit den Verwicklungen der wendischen Städte mit dem dänischen König Erich im Jahre 1426 hatte das Piratenunwesen auf der Ostsee nur noch zugenommen. Manche Handelsschiffe liefen nur noch unter bewaffnetem Geleit aus. Riga und Reval stellten die Schiffahrt zeitweise sogar ganz ein.

Erst im Herbst des Jahres 1428, als die Versorgung des Marktes drängte, lief wieder eine Flotte von der Trave nach Riga aus, die zusätzlich mit einer Schar von Söldnern bemannt wurde. Eine zweite Flotte, mit Salz und anderen Kaufmannsgütern beladen, folgte mit Kurs auf Reval nach. Nach dort hatte man vorweg schon ein Schreiben mit der Bitte gesandt, für eine schleunige Abfertigung und gute Bewachung der Schiffe zu sorgen.

Als zwei Jahre später mehrere Schiffe, die von Riga ausgelaufen waren, durch Sturm in die Revaler Bucht verschlagen wurden, kam Reval ihnen mit drei Söldnerbooten zu Hilfe, die sie ein gutes Stück auf dem Weg nach Lübeck begleiteten. Denn es war bekanntgeworden, daß die dänischen Auslieger nur darauf warteten, über die Schiffe herzufallen. Die Besatzung der Revaler Schutzboote, einer Barke, Schnicke und Schute, bestand aus 100 Mann mit Harnisch und Waffen unter Führung von Pawel Schulte. Für das Geleit hatten die Lübecker anschließend 160 Bischofsgulden zu zahlen und außerdem einige Tonnen Bier zu geben, das unter den Mannen der Geleitboote verteilt wurde. Im selben Jahr berechnete die Revalsche Kämmerei für den Einsatz einer mit 20 Söldnern besetzten Schnicke, die einem Lübecker Schiff unter Führung des Ratsherrn Henning Rumor sicheres Geleit nach Reval gegeben hatte, 250 Mark für Bedienung, Ausrüstung und Verproviantierung, während Lübeck um die gleiche Zeit dem Revaler »Finanzamt« die Auslagen für Waffen und Munition von vier nach Reval ausgelaufenen Schiffen in Rechnung stellte.

Die unruhigen Zeiten hielten an. Im Juli 1431 traf in Riga ein Schreiben des Tydemann Brekelvelde ein, in dem er zusammen mit anderen, »die die livländische Handlung halten«, davor warnte, zur Zeit Schiffe nach Lübeck auslaufen zu lassen, da nach dem Bericht von Dänen, die in der Hansestadt eingetroffen seien, der König wieder »starck mit luden unde ock mit scheppen uthelicht«. Seine Auslieger kreuzten vor Rügen und Bornholm und spähten gleichsam wie mit Adleraugen nach Beute aus.

Einer der berüchtigsten Piraten seiner Zeit war Ritter Broder Swendsson. Schon viele Lübecker Schiffer hatten seine unliebsame Bekanntschaft machen müssen. Im Sommer 1432 hatte er vier von Riga kommende Schiffe, »wol geladen mit kostelen gude«, angegriffen. Es gelang ihm, drei der Schiffe zu kapern und die Besatzung nach Dänemark zu verschleppen. Das vierte Schiff konnte nach Wismar entkommen.

Noch im selben Jahr aber sollte es Broder Swendsson an den Kragen gehen. Im Herbst wurden Riga und Reval erneut vor den Freibeutern des Königs gewarnt. Danzig hatte einen Eilbrief nach Riga gesandt und gemeldet, daß Swendsson in dem Kopenhagener Bürger Jordan einen Spion in Reval unterhalte und sich mit seinen Schiffen in den Rigaischen Meerbusen begeben wolle, um die ganze livländische Flotte abzufangen.

Swendsson aber änderte seinen Plan – und das wurde den Lübeckern zugeflüstert. Sie nutzten die Gelegenheit, um zum entscheidenden Schlag gegen die Seeräuber auszuholen. Die Stadt rüstete eine Flotte von sechs Holken und Schnicken aus und sandte sie dem Piraten entgegen. Am 1. August, dem Peterstage, traf sie hinter Wismar auf die Schiffe der Seeräuber. Swendsson wurde geschlagen und mit vielen seiner Spießgesellen gefangengenommen. »Es ging schon gegen die Nacht«, schrieb der Revaler Kaufmann Henrik van Ripen in sein Tagebuch, »viele Piraten entsegelten den Lübeckern, sonst hätten sie mehr behalten.«

In Riga fanden die Lübecker Kaufleute stets freundliche Aufnahme und waren auch gern gesehene Gäste im Hause der »Schwarzhäupter-Gesellschaft«. Es war dies eine Vereinigung junger Kaufleute in Riga, die den Namen ihrer Korporation von einem Mohrenkopfe, dem Haupte des heiligen Mauritius, herleiteten. Zu den Schwarzhäuptern rechneten sich die jungen Vertreter des Rigaer

Riga in einem Stich aus dem 17. Jahrhundert.

Großhandels, weltgewandte und gebildete Kaufleute, die zu den vornehmsten Kreisen der Stadt zählten. Sie waren mit zwei Abgeordneten im Rat vertreten, sie hatten in der Katharinenkirche eine eigene Kapelle, in der sie den Gottesdienst durch die Mönche des Franziskanerklosters verrichten ließen. Hier stand auch ihr eigenes Gerät für Leichenbegängisse.
In ihrem am Markt gelegenen, prachtvollen Hause wurden auch die Lübecker oft großzügig bewirtet. Hier hatten auch die Rigaschiffer ein eigenes Gestühl, die »Lübecker Bank«, deren Gelage denen in der Schiffergesellschaft in Lübeck vergleichbar waren. Als das Gestühl und sonstige Teile der Einrichtung im Jahre 1569 erneuert werden mußten, schrieb die Lübecker Schiffergesellschaft zur Mitfinanzierung dieser Arbeiten eine kleine Abgabe für jedes von Lübeck nach Riga auslaufende Schiff aus. Die Kaufleute der Rigafahrer-Compagnie stifteten zu dem neuen Gestühl, das von einem Lübecker Meister gefertigt wurde, ein Wandgemälde, dessen Größe der ganzen Länge der Tische und Bänke entsprach. Sie schickten auf ihre Kosten den Maler Wolfgang Nührer nach Riga, durch den sie die Bank der Vorsteher künstlerisch verzieren ließen.
Die Lübecker Rigafahrer würdigten die Großzügigkeit, mit der ihre Kaufleute

im Kreise der Schwarzhäupter aufgenommen wurden, auch in anderer Weise. Sie machten dem Hause regelmäßige Zuwendungen, spendeten Wachskerzen für die Kronleuchter und Kandelaber und stifteten mehrere bemalte Fenster.
Besonders für den jungen Kaufmann, der nach sechsjähriger Lehrzeit in Lübeck seine Kenntnisse im Ausland vertiefen sollte, war es natürlich in hohem Maße angenehm, neben dem Studium fremder Sitten, neben seinen Korrespondenzen und Geschäften persönliche Aufnahme im Kreis Gleichgesinnter zu finden. Die Tugenden der Selbsthilfe, der Verbrüderung und des Gemeinsinns, auf die sich die Kraft des lübschen Handels seit jeher gestützt hatte, erfuhren in Riga eine wirksame Belebung.
Doch mit der Zeit mischten sich auch hier immer mehr Mißklänge in die einstige Harmonie. Wie vordem bereits in anderen Städten, wollten auch in Riga die dortigen Kaufleute der großen Gilden die alleinigen Nutznießer des heimischen Marktes sein. Sie strebten daher danach, den Lübecker Zwischenhandel möglichst einzuschränken und hiermit die eigenen Geschäftsbeziehungen zu den westlichen Märkten zu stärken.
Die Beziehungen wurden zunehmend gespannter. 1582 wurde ein Abgesandter Rigas, der Syndikus Hilkes, beim Lübecker Rat vorstellig und forderte im Namen seines Rats die gutwillige Tilgung einer Schuld von 3120 rheinischen Goldgulden. Die Lübecker Stadtväter blätterten in ihren Unterlagen nach und ließen Syndikus Hilkes wissen, daß sie ihrerseits Riga im Jahre 1490 »nach einer hellen und klaren Verschreibung« 1000 rheinische Goldgulden geliehen hätten, von denen bisher nur 300 zurückgezahlt worden seien. Der Rest stünde in den Büchern der Stadt noch offen. Ferner habe man Riga im Jahr 1558, als die Russen in Livland eingefallen seien, noch einmal mit der Lieferung von Waffen und Munition unter die Arme gegriffen. Dennoch wolle man sich nicht kleinlich zeigen und die angemahnte Summe gern zurückzahlen, wenn Riga ebenfalls seine Verpflichtungen einlösen würde. Die Verhandlungen wurden lange fortgesetzt, ohne daß am Ende ein beide Teile befriedigendes Ergebnis erzielt wurde.
Auch der Handelsverkehr gestaltete sich seit dem Ende des 16. Jahrhunderts immer schwieriger. Seit 1590 wurden den Rigafahrern höhere Zölle auferlegt, daneben mußten sie verschiedene andere Abgaben leisten, wie zum Beispiel einen Obolus für die Armenhäuser der Stadt.
Am härtesten aber trafen sie die Beschränkungen, die ihren bis dahin freien Geschäftsverkehr empfindlich beeinträchtigten. Nicht nur, daß den Vertretern der Lübecker Handelshäuser der direkte Handel mit den Russen, Engländern und Holländern verboten wurde. Auch andere ihrer Tätigkeiten riefen zunehmend Unruhen hervor.
Die Kaufmannsjunioren hatten nämlich in der Winterzeit eine Aktivität ganz eigener Art entwickelt. Wenn ihre Keller und Lager wohl gefüllt waren und im Spätherbst die letzten Lübecker Schiffe die Heimfahrt angetreten hatten, gingen

sie daran, ihre Bestände in der Stadt selbst und in den umliegenden Ortschaften abzusetzen. Sie fuhren mit Schlitten über Land, suchten die kleineren Städte und Dörfer auf, verkauften ihre Waren und handelten dabei zugleich wieder neue Güter ein: Getreide, Holz, Pelzwerk, Hanf, Flachs, Teer, Wachs und Asche. Sobald im Frühjahr die ersten Schiffe aus Lübeck auf der Düna eintrafen, fanden sie bereits die Waren in Hülle und Fülle vor, die die Kaufleute im Winter hatten herbeischaffen lassen.
Ihr reger Handelsbetrieb aber erstreckte sich noch weiter, indem sie russische und litauische Händler als Kommissionäre bestellten, ihnen Vorschüsse gaben und durch sie im Frühjahr die bestellten Waren flußaufwärts in den Hafen bringen ließen.
Gegen diesen einträglichen Überland-Winterhandel richtete sich vor allem der Neid der Rigaer Großhändler. Im Jahre 1580 wußten sie es durchzusetzen, daß die Lübecker nicht mehr mit den Bauern und Kleinhändlern direkt Geschäfte abschließen durften, sondern nur mehr bei ihnen einzukaufen hätten. Lange Jahre, bis zur Mitte des 17. Jahrhunderts, zog sich der Streit um diese Beschränkungen und Beschwerungen dahin. Die Lübecker revanchierten sich schließlich auf ihre Weise und verweigerten den Rigaer Kaufleuten die freie Durchfuhr von Waren über die Trave. »Dergestalt«, so vermerkte ein Zeitgenosse voller Resignation, »erlitt hier wie überall die altüberlieferte Handlung unseres Kaufmanns Einbußen, und diese Erlebnisse in Riga sind jedenfalls ein charakteristischer Beweis dafür, wie sehr sich überall der Gegensatz zwischen einheimischer und fremder Arbeit verschärfte.«

Deckelkanne, sogenannte Hansekanne, aus der Zeit um 1600.

»Eng wohnen – weit denken«

Das Geschäft des Revalfahres Laurens Isermann

»Fleiße dich guten Kaufs und guten Guts, denn im Einkaufen liegt der Gewinn.« So war es über dem Kontortisch des Lübecker Kaufmanns Laurens Isermann zu lesen. Er gehörte den Revalfahrern an, die sich im 16. Jahrhundert ebenso wie die Narwafahrer aus den Reihen der mit Rußland handelnden Kaufleute zu kleineren Korporationen zusammengeschlossen hatten.

Laurens Isermann hatte seinen Geschäftssitz in Lübeck in einem Haus in der Fischstraße. Seine Handelsbeziehungen erstreckten sich in alle Himmelsrichtungen. Wenn es irgend ging, besuchte er die großen Märkte in Antwerpen, Leipzig und Nürnberg selbst, oder er ließ seine Waren dort durch Geschäftsfreunde einkaufen. Auf der großen Frankfurter Messe war er jedoch stets persönlich vertreten.

In Antwerpen kauften seine Geschäftsfreunde Hinrich von Achelen und Gossen Ludinghausen für ihn ein. Mit Nürnberg und Leipzig stand er durch den Nürnberg-Lübecker Kaufmann Hans König in Verbindung.

Das Schwergewicht seiner kaufmännischen Tätigkeit lag jedoch im Güteraustausch zwischen Westen und Osten. Zu diesem Zweck stand er mit seinem Revaler Geschäftsfreund Hermann Bolemann teils in wechselseitiger Kommission, teils wurden die Geschäfte in der Form der offenen Handelsgesellschaft getätigt. Bolemann war einer der vornehmsten Revaler Kaufherren und gehörte seit 1558 auch dem Rat der Stadt an.

Ein ausgeklügeltes Geschäftssystem ließ ihn gleichsam europaweit am einträglichen Handel teilhaben. Sein Hauptaugenmerk richtete sich nach Antwerpen. Hier ließ er durch seinen Geschäftspartner Laurens Isermann oder auch direkt durch Gossen Ludinghausen einkaufen. Sobald die Fracht in Reval eingetroffen war, veräußerte er sie nicht nur hier, sondern auch in Riga, Danzig, Dorpat und Narwa. Sein Mittelsmann in Riga war Hans Bilderboke, der seinerseits im Jahre 1539 mit Gossen Ludinghausen eine offene Handelsgesellschaft gegründet hatte mit dem Ziel, den Handel zwischen dem Westen und Livland auszubauen. In Dorpat belieferte er Hans Arndes, dessen Bruder Wilhelm wiederum als Geschäftsmann in Antwerpen tätig war.

Auch Bolemanns zwei Söhne waren tüchtige Kaufleute. Der eine hatte sich ebenfalls in Antwerpen niedergelassen und stand von hier aus mit einer italienischen Handelsgesellschaft in umfangreichen Geschäftsbeziehungen. Die Gesellschaft handelte vorwiegend nach Schweden. Hier hielt sich sein Bruder Hans

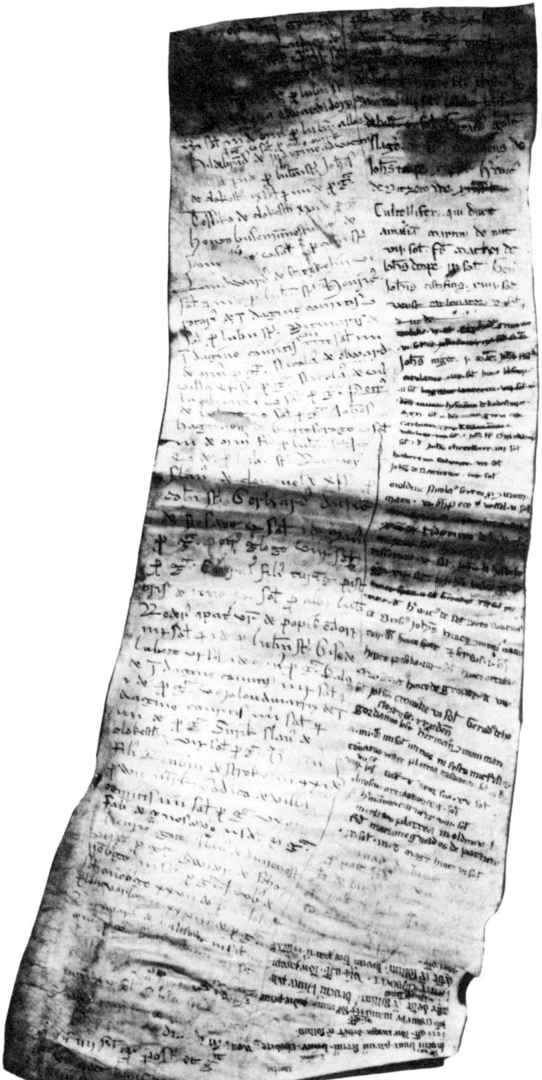

auf, der seinerseits Narwa zum Haupthandelsplatz ausersehen hatte. Ein feingeflochtenes Netz von Handelswegen, auf denen nicht nur Koggen und Planwagen, sondern in ihrem Gefolge auch viele Taler und Dukaten zum vorgedachten Ziele strebten.

»Eng wohnen – weit denken.« So lautete die Devise des mittelalterlichen Geschäftsmanns. Aus der Enge der von Mauern umgebenen Stadt heraus mußte der Kaufmann eine weltmännische Weitsicht entwickeln, wenn er Erfolg haben wollte. Weit denken mußte er zum einen in zeitlichem Sinne. Ob seine auf lange Sicht getroffenen spekulativen Entscheidungen Gewinn erbringen würden, konnte er erst nach Monaten wissen. Aber auch räumlich gesehen mußte er seine Blicke weit über den Kontortisch hinausschweifen lassen, war er doch der Vermittler des Warenaustausches der Welt, der feine Kenner der unterschiedlichsten Kaufmannsgüter.

Denn darauf kam es sehr entscheidend an. Der mittelalterliche Großhandel war in bezug auf die Waren, die er umschlug, nicht spezialisiert. Das Angebot richtete sich nach der jeweiligen Nachfrage. Der Kaufmann mußte sich in den gröberen

Das »Handelsbuch« eines Lübecker Gewandschneiders aus den Jahren 1280/90. Das Pergament gilt als ältester Beleg für schriftliche Geschäftsführung im kaufmännischen Betrieb nördlich der Alpen.

Produkten Nord- und Osteuropas ebenso auskennen wie in den differenziertesten Gewürzen des Orients, in flandrischen Tuchen ebenso wie in Perlen oder Pelzen. Die Konkurrenz war auch damals schon groß, und eine gute Warenkenntnis war ein wichtiger Grundstock zum geschäftlichen Erfolg. Nicht umsonst mußte der kaufmännische Nachwuchs sechs Jahre lang lernen, bevor er zur Weiterbildung ins Ausland geschickt wurde.

Einer der Haupteinfuhrartikel, die Laurens Isermann aus Reval bezog, war Juchtenleder, das er durch Hans König hauptsächlich in Nürnberg weiterveräußern ließ. Noch bis in die 20er Jahre des 16. Jahrhunderts hinein waren Nürnberger Händler sehr zahlreich auch in Lübeck anzutreffen gewesen. Doch dann hatte sie es zunehmend mehr an geschäftlich lukrativere Orte gelockt, nach Leipzig und Antwerpen zum Beispiel.

Denn längst hatte Lübeck sein Monopol, Süd- und Mitteldeutschland mit den Produkten des Ostens und Nordens zu versorgen, einbüßen müssen. Bereits gegen Ende des 15. Jahrhunderts hatte Lübeck infolge des Krieges mit Dänemark und Schweden und der unsicheren Lage auf der Ostsee in Leipzig einen gefährlichen Konkurrenten erhalten. Statt des Seewegs gewann nun mehr die Landverbindung zwischen Rußland über Leipzig nach Nürnberg, Köln und den Niederlanden an Bedeutung.

Während es noch in der Mitte des 15. Jahrhunderts gang und gäbe war, daß die süddeutschen Händler, vor allem die Nürnberger, in Lübeck persönlich aufkreuzten, um hier ihre Geschäfte abzuschließen, so ließen sie sich fortan immer häufiger durch Beauftragte vertreten, die gleichzeitig im Namen mehrerer Kaufleute handelten.

Immerhin, Laurens Isermann ist bei seinem Ledergeschäft dennoch auf seine Kosten gekommen. Trotz der Leipziger Konkurrenz war es ihm im Jahre 1530 möglich, noch Hunderte von Häuten über Lübeck nach Nürnberg zu expedieren. Den weitaus größte Teil der Ostgüter aber verkaufte er in die Niederlande, vor allem nach Antwerpen.

Brügge, noch im 15. Jahrhundert die blühendste der flandrischen Städte, war nicht zuletzt seiner geographischen Lage wegen zum Untergang verdammt

Zu den schönsten Renaissancebauten Lübecks zählt das Haus in der Mengstraße 27. Der reiche Terrakottenschmuck stammt aus der Werkstatt des einst in Lübeck wirkenden Statius von Düren.
In seinem Äußeren ist das Haus so erhalten, wie es 1550 gebaut wurde. Links daneben das »Haus der Kaufmannsjugend«, ein Bau, dessen Giebel noch den Übergangsstil des frühen 14. Jahrhunderts erkennen läßt. Der untere, auch noch bis heute erhalten gebliebene Teil wurde in der Renaissancezeit umgebaut.

gewesen. Die Kaufleute hatten sich aus der Stadt zurückgezogen, nachdem sie durch die Versandung der Swyn immer mehr zum Binnenhandelsplatz herabgesunken war. Aber auch politische Gründe hatten den Niedergang der Stadt gefördert. So wurde Brügge, wie ein Chronist später schmerzlich vermerkt, »eine tote Stadt, deren schöne Kirchen und öffentliche Gebäude niemals wieder ganz sich füllten, ein schönes, stilles Museum für Hans Memlings wundersame Kunst«.

Antwerpen hatte dem einstmals blühenden Brügge den Rang streitig gemacht. Die Stadt war zum bedeutendsten Handelsplatz der Welt geworden. »Man hört dort«, so beschreibt es der zeitgenössische Dichter Daniel Rogiers, »ein verworrenes Geräusch aller Sprachen, man sieht dort ein buntes Gemenge aller möglichen Kleidertrachten, kurz, die Antwerpener Börse scheint eine kleine Welt zu sein, in der alle Teile der großen vereinigt sind.«

Antwerpen war zu dieser Zeit der Hauptanziehungspunkt für Kaufleute aus allen Ländern, »die gemene stad von alle volkeren«. Bei einer Einwohnerzahl von 90 000 Bürgern zählte die Stadt im Jahre 1568 allein 15 000 Fremde mit festem Wohnsitz in ihren Mauern. Zeitweise fanden sich auf der Antwerpener Börse nicht weniger als 5000 Geschäftsleute zusammen.

Unter ihnen wird dann und wann denn auch Laurens Isermann gewesen sein. Sollte er auf die beschwerliche Reise nach Antwerpen einmal verzichtet haben, so dürfte auf jeden Fall sein Geschäftspartner Gossen Ludinghausen dort seine Interessen wahrgenommen haben. Denn Isermanns Unterlagen wiesen deutlich aus, daß er dort erhebliche Mengen an Wein, Schmuck, Perlen, Spezereien und Gewürzen hat einkaufen lassen.

Und nebenbei bediente man sich auch zu privaten Zwecken auf dem Antwerpener Weltmarkt. So beauftragte Hermann Bolemann seinen Lübecker Freund Isermann zum Beispiel, für sich und seine Frau Taft, Seide und Futter zu besorgen und zu Kleidern verarbeiten zu lassen. Der Stoff, den er habe kaufen lassen, sei so schön, rühmt Laurens Isermann schon auf dem schriftlichen Vorwege, »alse ick nich schener gesehen hebbe«.

Isermann dagegen bestellte bei Bolemann einen russischen Schlitten mit Bärenhaut und allem Zubehör, Schellen und Krummholz, um den ihn seine Frau »gans umeinander gebeden hede«.

Er war schon ein sehr wohlhabender Mann, der Laurens Isermann. Wie manch andere seiner Geschäftspartner konnte auch er sich brüsten, Fürsten und Königen mit Krediten ausgeholfen zu haben. So stand bei ihm unter anderen der dänische König Friedrich I. mit einem ansehnlichen Betrag in der Kreide.

»Leve Hermann«, so schrieb Laurens Isermann seinem Kompagnon nach Reval, »dot dath beste bi tho verkapen, und so wi jw will ick min beste don bi jwen gude.« Eine Hand wäscht die andere. Laurens Isermann und Hermann Bolemann haben sich auf ihre Geschäfte verstanden.

Streit um das Schwarze Brett

Machtkämpfe innerhalb der Compagnien

Zu den Kollegien zählten auch die Stockholmfahrer. Hinzu kamen noch die Krämer und Gewandschneider. Jene waren Tuchhändler, von denen es im mittelalterlichen Lübeck zeitweise über hundert gab. Sie waren zunächst keine Kaufleute, sondern bildeten eine Zunft im handwerklichen Sinne. Nur der Tucheinkauf im Großen stand ihnen zu, in Verbindung mit dem von ihnen betriebenen Wandschnitt, dem Detailverkauf von Tuch.

Für ihr Tuch andere Waren in Kauf zu nehmen, war ihnen anfangs verwehrt. Mit der Zeit aber wollten auch sie am allgemeinen Geschäftsleben teilhaben, denn mit Tuchen allein war auf die Dauer kein Staat mehr zu machen. Dem aber widersprachen die Schonenfahrer. Im Jahre 1643 verklagten sie die Gewandschneider vor der Wette, daß sie gegen »gemeinsame bürgerliche Kaufmannsgerechtigkeit« verstießen, »indem sie nun auch mit Allerweltsgütern Handel treiben wollten«.

Die Gewandschneider entgegneten, Lübecks Handel sei seit eh und je frei gewesen. Wem er nicht ausdrücklich verboten sei, der könne ihn nach Belieben ausüben. Und der Rat gab ihnen recht. Am 14. Juni 1605 beschied der Rat die Schonenfahrer, daß außer ihnen keine andere Compagnie den Gewandschneidern wegen des Kaufhandels Schwierigkeiten mache. Die Kaufleute-Compagnie wählte Gewandschneider in ihr Kolleg. Bürgermeister und Ratsherren seien aus ihren Reihen hervorgegangen. Nun wollten die Schonenfahrer ihnen unverständlicherweise wehren, etwas »über See oder Land zu verschicken«.

Der Rat bestritt den Schonenfahrern das alleinige »ius mercaturae«. Dabei komme ihnen die Definition eines Kaufmanns mit so gutem Recht zu wie den Gewandschneidern: »Wenn sie auch bei der Elle ausschnitten, so tue das nichts zur Sache. Auch die Schonenfahrer handelten nicht immer im Großen, sondern verkauften oft Korn scheffelweise oder kauften Gerste und veräußerten sie in kleinen Partien wieder an Brauer.«

Nach vielerlei Hin und Her raufte man sich schließlich zusammen. Auch den Gewandschneidern wurde am Ende gestattet, nicht nur mit Tuchen, sondern auch mit Hering und Hopfen zu handeln.

Die Krämer stellten als Kleinhändler zwar von Anfang an von der Zahl ihrer Mitglieder her eine der größten Zünfte dar, doch erst im 18. Jahrhundert gelang es ihnen, nach erbitterter Gegenwehr der übrigen Kollegien, insbesondere der Schonenfahrer, den wechselseitigen Übertritt der Mitglieder von der einen in die andere Compagnie zu erreichen.

Mit aller Macht hatten die Krämer lange Zeit darum gekämpft, ihren Wirkungskreis auszudehnen, mehr Einfluß auf den Handel zu gewinnen und in Wirtschaftssachen nicht weiterhin als Kaufleute zweiter Klasse angesehen zu werden. In diesem Streben waren sie schließlich von der Kaufleute-Compagnie nachhaltig unterstützt worden.

Aber auch nachdem ein Ausgleich gefunden war, hielt das Hickhack um ihre Gleichstellung auch weiterhin an. Noch im Jahre 1832 wurde zwischen Schonenfahrern und Krämern darüber gestritten, wer dazu befugt sei, neue Brüder auf ihre Dienstpflicht zu vereidigen. Es kam letztlich auf einen Vergleich hinaus.

Zu den heftigsten Kontrahenten der Schonenfahrer gehörten seit jeher die Mitglieder der vornehmen Zirkel-Compagnie und der Kaufleute-Compagnie. Die Zirkelbrüder, für die später auch der Beiname Junker üblich wurde, setzten sich aus den zu »Rentnern« gewordenen vornehmen Kaufleuten zusammen, die Grundbesitz vor den Toren Lübecks erworben hatten und einem adelsgleichen Lebensstil zu huldigen suchten. Ihnen fast ebenbürtig waren die reichsten Lübecker Handelsherren, die sich 1450 zur Kaufleute-Compagnie zusammenschlossen. Zweck ihrer Vereinigung war vermutlich, eine gleichwertige Stellung gegenüber den Mitgliedern der Zirkelgesellschaft zu erwerben und damit wie diese ohne weiteres in den Rat gewählt werden zu können.

Und an diesem Machtanspruch sollten sich in den folgenden Jahrhunderten immer wieder Differenzen entzünden, insbesondere mit den Schonenfahrern, die für sich das alleinige Privileg in Anspruch nahmen, die »Muttergesellschaft« für alle Lübecker Kaufleute zu sein. Die Kaufleute-Compagnie dagegen versuchte an allen Ecken und Enden, den Schonenfahrern den Anspruch der »mütterlichen Fürsorge« streitig zu machen.

Am heftigsten entbrannte der Streit immer wieder um die Aufnahme von neuen Brüdern und die Wahlen von Ältesten in die Kollegien. Von jeher forderten die Schonenfahrer das Recht für sich, daß jeder junge Kaufmann sich in ihr Kollegium einschreiben lassen müsse. Verschreibungen in andere Compagnien erkannten sie nicht an. Lediglich den Bergenfahrern und den Krämern wurden Ausnahmen zuerkannt.

Dennoch kam es wiederholt vor, daß junge Kaufleute dem Ruf der Schonenfahrer nicht folgten, sondern sich bei der unliebsamen Konkurrenz eintrugen. Peter Hacks war beispielsweise einer von ihnen. Auf Vorhalt der Schonenfahrer erklärte er, sein Vater habe alle seine Söhne in das Buch der Kaufleute-Compagnie einschreiben lassen, »da wider könnte er nichts, müsse seines seeligen Vaters Einschreibung pariren«. Die Schonenfahrer schlugen seinen Namen daraufhin an das Schwarze Brett, »so lang, bis des Kaufmanns Gerechtigkeit in allem erfüllet«. Und wer bei den Schonenfahrern am Schwarzen Brett stand, galt zumindest in ihren Augen nicht als ehrenwerter Kaufmann.

Noch härter verschärften sich die Fronten, als im Jahre 1692 etwas Außerge-

Nach einer Baubuch-Zeichnung aus dem Jahre 1585 (links) ließ die Krämer-Compagnie ihr neues Amtshaus im Schüsselbuden errichten. Das siebenstöckige Gebäude mußte 1868 dem Neubau des Telegrafenamtes weichen.

wöhnliches geschah: Die Kaufleute-Compagnie hatte zwei der Schonenfahrer-Ältesten, Hermann Bilderbeck und Christian Stridebeck, beschwatzt, sich ihrem Kollegium zuzugesellen. Der verbliebene Schonenfahrer-Vorstand empfand es »nun einigermaßen verkleinerlich, daß sie als Elteste unseres Hauses dorten in der Kaufleute-Compagnie ihren locum und sitz unter den Brüdern nehmen müssen«. Sie verboten beiden, auf die andere Seite hinüberzuwechseln. Stridebeck fügte sich, Bilderbeck aber nahm in der Kaufleute-Compagnie seinen Sitz als Bruder ein.
Die Schonenfahrer schlossen ihn daraufhin aus ihren Reihen aus. Er habe sich,

Ostansicht der Hansestadt Lübeck in Schedels Weltchronik von 1493.

so hieß es in ihrem Beschluß, »der Liebe und Freundschaft ungeachtet ohne alle ursache abgewandt«. Man könne ihn um so weniger mehr zum Ältesten gebrauchen, als man wüßte, daß die Kaufleute-Compagnie »vor diesem unsere Zunft gern ins hertz, ja gar heruntergestoßen hätte und viele dinge gar spöttlich wider uns angeführet und gesuchet, und alles getan hätte, unseres hauses respect disputierlich zu machen.«

Im August 1693 kam es dann zu einem neuerlichen Eklat, nachdem die Schonenfahrer Otto Brockes zu ihrem Mitältesten erwählt hatten. Jener aber teilte kurz und bündig mit, daß er bereits Mitglied der Kaufleute-Compagnie sei und aus ihr auch nicht auszutreten gedenke. Die Schonenfahrer schlugen auch seinen Namen an das Schwarze Brett. Per Handschlag habe er sich zu ihrer Compagnie bekannt, sei dann aber »wortvergessentlich schimpflich« zurückgetreten.

Brockes empörte sich über die öffentliche Anschwärzung, zumal ihn die Schonenfahrer vor aller Welt als einen »wortbrüchigen, ihres Collegii unwürdigen Menschen« bezeichnet hätten. In einer Beschwerde an den Rat protestierte er am 26. April 1694 gegen diesen Schimpf und forderte von den Schonenfahrern die Zurücknahme dieser ehrenrührigen Angriffe. Der Rat ordnete an, der Name Brockes sei vom Schwarzen Brett der Schonenfahrer zu streichen.

Die Schonenfahrer protestierten: Seit vielen hundert Jahren stünde ihnen das Recht zu, einen Ältermann aus den Reihen der Kaufleute auszuwählen. In der Weigerung der Kaufleute-Compagnie, dieses Recht anzuerkennen, erblickten sie lediglich das Bestreben, das Schonenfahrer-Kolleg »seiner besten Leute, wie

zum theil schon geschehen, zu berauben und dasselbe dadurch incapable zu machen«.
Letztlich löschten sie die Eintragung auf dem Schwarzen Brett, ersetzten sie aber im gleichen Atemzug durch eine neue: »Alldieweil Otto Brockes, nachdem er zum Miteltesten dieses Hauses und Collegii anno 1693, den 22. August, dem herkommen nach rechtmäßig erwehlet worden, sich ohne ursache wider altes herkommen verweigert hat, diese angetragene eltesten stelle anzunehmen; als haben die eltesten und sämptliche brüdere dieses Hauses denselben wegen einer solchen ungebühr, widerșetzlichkeit und beschimpfung vor dem universal Kaufmanns-Collegio und diesem Hause excludiren, dessen frey- und gerechtigkeiten unfähig erklären und dero behuef diese tafel öffentlich aufhengen lassen wollen.«
Der Rat befahl, auch diesen Anschlag zu entfernen. Die Kaufleute-Compagnie verwies zudem darauf, daß Eintragungen auf dem Schwarzen Brett sich nur gegen eigene Brüder richten dürften, nicht aber gegen andere. Der Streit um das Schwarze Brett ging hin und her. Am 31. August ordnete der Rat nochmals die Entfernung des Pamphlets auf dem Schwarzen Brett an, woraufhin die Schonenfahrer Beschwerde beim ohnehin schon reichlich strapazierten Reichskammer-Gericht einlegten.
Der Rat ließ das Brett nunmehr gewaltsam entfernen; gleich darauf wurde es von den Schonenfahrern wieder aufgehängt. Und so ging es fort im dauernden Prestigekampf zwischen den Schonenfahrern und der Kaufleute-Compagnie. Rat und Gerichte wurden immer wieder bemüht, um in nichtigen Sachen gewichtige Entscheidungen treffen zu müssen. Bis zu ihrer Verschmelzung zu einer gemeinsamen Kaufmannschaft im Jahre 1853 blieben die Schonenfahrer und die Vertreter der Kaufleute-Compagnie erbitterte Widersacher in fast allen Fragen des Handels.

Ein Herz für Arme und Kranke

Das Vermächtnis des Kaufmanns Johann Füchting

Mag es über interne Angelegenheiten auch bisweilen heftige Auseinandersetzungen gegeben haben, in ihrem Bestreben, dem Gemeinwohl zu dienen, fühlten sich die Kaufleute dennoch eins.

Füchtings Hof in der Glockengießerstraße ist heute nicht nur eine touristische Attraktion, sondern zugleich auch ein überzeugendes Beispiel für diese soziale Gesinnung Lübecker Kaufleute schon in früheren Zeiten. Er hat seinen Namen nach Johann Füchting, der 1588 in jungen Jahren aus Westfalen nach Lübeck kam, hier bei seinem Onkel eine siebenjährige Kaufmannslehre absolvierte und anschließend zunächst auf Gotland, dann in Lübeck selbst ein Geschäft eröffnete. Der Handel florierte. Johann Füchting war schon bald ein reicher Mann. Er konnte sich zwei Häuser in der Breiten Straße leisten und besaß einen ausgedehnten Garten vor dem Burgtor. Er war an 65 Schiffsneubauten beteiligt, die ungeachtet des im Reiche wütenden 30jährigen Krieges in Lübeck auf Kiel gelegt worden waren. Allein zwischen 1618 und 1647 liefen an der Lastadie, dem Schiffsbauplatz an der Trave, 642 neue Segler vom Stapel.

Nach dem Tode seiner Ehefrau Margarete, mit der Johann Füchting 31 Jahre lang glücklich, wenngleich kinderlos verheiratet gewesen war, setzte er ein Testament auf, in dem er bekannte, daß ihn »der vielgütige Gott in seinem Stande und Beruf mit zeitlichen Gütern reichlich gesegnet« habe.

Neben seinen kaufmännischen Aktivitäten entwickelte Johann Füchting auch eine regsame Betriebsamkeit auf anderen Gebieten. Als Mitglied der Schonenfahrer wurde er schon bald deren Ältermann. Er wurde in den Rat gewählt, war Kirchenvorsteher an St. Marien und gehörte den Vorständen verschiedener sozialer Einrichtungen an.

Den Armen und Kranken widmete Johann Füchting per Testamentsverfügung denn auch einen großen Teil seines Vermögens. Er bedachte alte Menschen und Waisenkinder, das Pest- und Pockenhaus, die Siechenhäuser in Travemünde, Bad Schwartau und Klein Grönau sowie die »unsinnigen Mädchen« vor dem Mühlentor. Vier arme Studenten erhielten Zuweisungen, sämtliche Dienstmädchen in der Breiten Straße, die ihrer Herrschaft mehr als sechs Jahre treu gedient hatten, die »Klockenläuters und Kuhlengräbers« von St. Marien, der Werkmeister, der Superintendent, die Prediger – sie alle wurden gleichermaßen im Testament berücksichtigt.

Der Marienkirche selbst überließ Johann Füchting von 500 Mark die Zinsen »mit dem Bedinge, daß die Herren Vorsteher vergönnen mögen, damit nach meinem

Johann und Margarete Füchting. Die Bildnisse entstanden im Jahr 1623 und befinden sich heute im Vorsteherzimmer von Füchtings Hof.

Tode durch meine Testamentarien mein Epitaphium nehest meiner Begräbnis an dem Pfeiler, der sich dazu am besten schicket, aufgerichtet werden möge«.
An dem Garten vor dem Burgtor sollten sich die Prediger von St. Marien erfreuen. Dazu stiftete Johann Füchting 1000 Mark, von deren Zinsen sie sich mit ihren Frauen und Kindern alljährlich zu Pfingsten »auf dem Hof einen guten Tag machen und dabei seiner und seiner lieben Frau gedenken« sollten.
Alle diese Legate und Schenkungen beliefen sich allein schon auf den stattlichen Betrag von über 80 000 Mark. Was von seinem Vermögen dann noch übrigblei-

ben sollte, so hatte Johann Füchting verfügt, sollte »in zwei gleiche Teile von einander gesetzet und der eine halbe Teil zu einer denkwürdigen Stiftung verwendet werden – zu Gottes Ehren und den Armen zu Nutz und Besten, desgleichen auch zu meiner und meiner gottsel. lieben Ehefrau immerwährenden Gedächtnis, auch anderen von dem lieben Gott gesegneten mildgebigen Christen zu einem Exempel und Nachfolge«.
Während die eine Hälfte des verbliebenen Vermögens unter den Erben aufgeteilt wurde, setzte man die andere dafür ein, einen Wohnhof für Kaufmannswitwen einzurichten.
Bereits wenige Monate nach dem Tode Johann Füchtings, der 1637 im Alter von 66 Jahren starb, konnte Stadtbaumeister Andreas Jeger dem Kaufmann »Christoffer Kuß seinen Gang nebenst einem Hause, in der Klockengießer Straßen belegen, den Armen zum besten« abkaufen. Mit dem Erwerb weiterer angrenzender Häuser wurde somit der Grundstein für den Füchtings Hof gelegt, der nunmehr seit über 350 Jahren dem gleichen wohltätigen Zweck dient.

Gastmahl mit Pauken und Trompeten

Im Schütting der Schonenfahrer ging es oft hoch her

Bei allem Streß des geschäftlichen Alltags und bei allen Gegensätzlichkeiten innerhalb der Kollegien fand man dennoch genügend Anlaß zu geselligem, gemeinsamem Beisammensein. Und dabei ging es mitunter recht munter zu. Die Becher Bier oder Kannen Rheinwein leerte man vornehmlich in den Schüttingen der Kollegien. Der Hauptstammtisch der Kaufleute befand sich im Amtshaus der Schonenfahrer; aber auch im Schüsselbuden bei den Krämern oder in der Breiten Straße bei den Bergenfahrern wurde so mancher Liter gestemmt.

Im Schütting der Schonenfahrer versammelte man sich in der Regel am Sonntagabend zu einem Klönschnack bei Bier und Wein; aber auch sonst nahm man jede Gelegenheit wahr, die Pokale kreisen zu lassen. Höhepunkt der Festlichkeiten war das alljährliche große Gastmahl, das in der Fastenzeit vor Ostern abgehalten wurde. Geradezu hektische Aktivitäten wurden vor diesem Generalschmaus entwickelt, um ja nichts schiefgehen zu lassen. Etliche Tage vorher riefen die Schonenfahrer-Ältesten die Musiker, den Bäcker, den Koch und die Heringspacker zu sich, wiesen ihnen ihre Aufgaben zu und ermahnten sie, nach besten Kräften ihre Pflicht zu tun. Die Musiker sollten sich »lustig erzeigen«, ihre Löhnung sollte ihnen »manierlich und nach Gebühr erlegt« werden. Die Bäcker sollten gutes Brot, der Koch gute Speisen bereiten. Die Heringspacker aber sollten »sorgfältig aufpassen, daß kein silbernes Geschirr gestohlen oder sonst etwas verwahrlost werde«.

Die Leitung des Gastmahls lag bei den Schaffern. Sie hatten die Aufsicht über das Haus und auch über das bewegliche Eigentum des Kaufmanns. Sie waren gleichsam Wirte und zahlten hierfür eine entsprechende Miete. Später übernahmen die Schonenfahrer selbst die Bewirtschaftung des Schüttings. Als Schaffer mußten sich fortan die neu aufgenommenen jungen Kaufleute betätigen.

Ungeachtet wirtschaftlich ernster werdender Zeiten wurde immer weiter kräftig auf die Pauke gehauen. Nachdem aber 1652 erstmals der Ruf laut geworden war, statt der »großen Gesterey« ein kleines Mahl zu veranstalten, wurde sechs Jahre später sogar erwogen, »das Convivium in dieser schlechten, nahrlosen und gefährlichen Zeit« gänzlich ausfallen zu lassen.

Im Schonenfahrer-Vorstand wurde über diesen Vorschlag abgestimmt. Zwei sprachen sich gegen die »Fastelavends-Völlerey« aus, doch die Mehrzahl bestand auf der Fortsetzung der bisherigen Tradition. Man könne sich ja in Speisen und Wein ein wenig einschränken, so begründeten sie ihren Standpunkt. Früher

ühere Rokokodiele n Kohlmarkt 13. n der Decke kennt man ch das Loch r die Winde.

iele in der üheren Johannis- aße 32. Barocke iule mit Sattel- lz. Neben der eiflügeligen eppe befindet h die Küche nter Fensterwänden iehe auch Seite 121).

habe man nur Bier getrunken, neuerdings sei der teure Wein Mode geworden. Auf ihn könne man mithin verzichten.
Würde das Gastmahl eingestellt werden, so argumentierten die Fürsprecher der Schonenfahrer-Schmauserei, würde auch »die Autoritet des Hauses gemindert werden«. Nicht zuletzt diente das Mahl der »Unterhaltung und guter Correspondens«. Und letztendlich würde des Hauses »Gerechtigkeit durchlöchert«. Sei doch der Schonenfahrer-Schütting seit jeher der geschäftliche und gesellschaftliche Mittelpunkt der Lübecker Kaufleute gewesen.
Das Mahl fand statt. Es wurde zwar auf den Begrüßungstrunk verzichtet, und es wurden auch nicht mehr »Handelspersonen« eingeladen, als am Tisch des Ältesten Platz gefunden hätten.
1666 wurde abermals aufgrund der »beschwerlichen Zeit« darüber diskutiert, ob man es verantworten könne, die Fastelabend-Fete über die Bühne gehen zu lassen. Die Schonenfahrer-Mehrheit setzte sich mit dem Argument durch, »daß es zum respect unseres Zunfthauses ist, da so eine herrliche gesellschaft von allen ständen dieser stadt beysammen kompt, auch lustig und fröhlich sich miteinander machen, die alte freundschaft verneuern«.
Bisweilen aber auch taten einige Brüder der Fröhlichkeit zuviel und schlugen über die Stränge. Immer wieder wurde daher an die alten Verhaltensmaßregeln erinnert, nach denen sich die Teilnehmer des Gastmahls zu richten hätten. Sie sollten einen »höflichen Mund auf die Obrigkeit haben« und nicht »politisch räsonnieren«. Sie sollten nicht mit den Trinkgefäßen schlagen oder werfen, sie sollten einander auch nicht mit Fäusten boxen oder größere Mengen aus ihren Bierkannen verschütten. Für Verstöße dieser und anderer Art wurden saftige Ordnungsstrafen zur Aufrechterhaltung der Hausdisziplin angedroht.
Im Jahre 1688 beklagte sich der Ältermann der Schonenfahrer, daß beim letzten Gastmahl soviel Speisen verschwendet, Wein und Brot von den Umstehenden fortgerissen worden seien, daß er vorschlagen möchte, in Zukunft statt der 30 Bratenfässer nur noch 24 bereitzustellen und auch den Weinausschank zu drosseln. Denn gerade die jüngeren Brüder prosteten sich mit den großen Gläsern so unmäßig zu, daß damit Auswüchse geradezu provoziert würden. Die Reduzierung des Weinausschanks hatte jedoch zur Folge, daß beim nächsten Mal entschieden weniger Brüder zur Fastelabend-Fete erschienen.
Und abermals stellte sich die Frage, ob es denn überhaupt noch sinnvoll sei, diese kostspieligen Feste zu veranstalten. Im Jahre 1701 rang man sich erst nach einigem Zögern dazu durch, »da es doch eine löbliche Ordnung, so unsere Vorfahren gemachtet, die man endlich wol aufheben, aber sobald nicht wieder introduciren könne«. Und vier Jahre später warnte Vizeältermann Rocks vor einer Absetzung des Conviviums mit den Worten, daß dann nicht nur die Kaufleute-Compagnie, sondern auch die übrigen Kollegien sich unterstehen könnten, Brüder zum Nachteil des Schüttings aufzunehmen: »weil aber unser

Rippenbecher aus dem 15. Jahrhundert (im Holstentor-Museum).

collegium dadurch crepiren möchte«, solle es doch lieber beim alten bleiben. 1742 entschieden die Ältesten sogar, daß keiner der Brüder vom Gastmahl fernbleiben dürfe – bei Strafe eines Dukaten. Nur der Verlust der »ehelichen Frau« könne als Entschuldigung gelten, alle anderen Trauerfälle »wären bey seite gesetzet«.

Nun aber hatten die Schonenfahrer schon seit jeher Wert darauf gelegt, nicht nur unter sich zu feiern, sondern auch Vertreter der anderen Kollegien, des Rates und der Kirche an ihren Tisch zu bitten. Und das ging nicht immer ohne Probleme ab. So dankte Pastor Kreffting im Jahre 1676 zwar herzlich für die Einladung, legte den Schonenfahrern zugleich aber doch sehr nachdrücklich ans Herz, den Umtrunk auf einen anderen Termin zu verlegen. Die Fastenzeit sei dafür nun wirklich nicht geeignet. Die Schonenfahrer begegneten der Absage mit dem Hinweis, wenn die Prediger zuerst die Hochzeiten in den Fasten abschaffen würden, so würden auch sie ihr Gastmahl verlegen. Pastor Kreffting enthielt sich des Schmauses und wurde auch nie mehr eingeladen.

Vor dem Gastmahl im Jahre 1681 wandte sich das Geistliche Ministerium in eindringlicher Sprache an die Schonenfahrer und verwies auf die in dem »großen wunderbaren Cometen sichtbare Drohung Gottes«. Die Geistlichen brachten die zu erwartende göttliche Strafe dabei in Verbindung mit den so hartnäckig auf dem Fasten-Gastmahl bestehenden Schonenfahrern. Das Menetekel fruchtete: Das Fest wurde um 14 Tage verschoben.

Aber bereits im nächsten Jahr saß man wieder am Fastel-Abend zusammen. Das Mahl, so vermerkt die Schonenfahrer-Chronik, verlief vortrefflich – am Ende fehlte nur ein silberner Becher. Aber solche kleinen Schönheitsfehler war man gewohnt.

Dem Vorschlag eines Bruders, die Geselligkeit in den Sommer zu verlegen, wurde energisch widersprochen. In der warmen Jahreszeit hätte man doch überhaupt keine Möglichkeit, das Fleisch und den Wildbraten zu konservieren.

Die Kirche aber ließ nicht locker, den Schonenfahrern das lockere Treiben zur Fastenzeit auszureden. 1742 richteten die Pastoren Hanneken und Scharbau ein

ernstes Wort an die Kaufleute: »In solcher heiligen Zeit«, so mahnten sie, dürfe man nicht feiern, »maßen viel los Gesindel als dan leyder schwärmen ginge, könte dadurch leicht ein unheil entstehen«. Die Woche darauf wären die Catechismus-Predigten, würde es sich auch nicht schicken, »daß man mit Pfeifen und Thrommeten die Leute aus der Kirche entgegenkommen wolle«.
Man vertagte das Fest auf die Woche nach Ostern. Drei Jahre später wurde die Geselligkeit sogar um vier Wochen verschoben. Denn in der Fastenzeit war der Kaiser gestorben, und jegliche Musik war für die Dauer eines Monats untersagt. Auf Musik aber wollte man beim Gastmahl nur ungern verzichten.
Das gleiche Problem hatte sich zwölf Jahre zuvor gestellt, als Bürgermeister Brokes gestorben war. Die anderen zum Mahl geladenen Bürgermeister hatten daraufhin mit Hinweis auf die Trauerzeit von einer Teilnahme am Schüttingsessen abgesehen. Die Schonenfahrer machten es ihnen am Ende aber doch wieder schmackhaft, indem sie die Bürgermeister wissen ließen, daß der Empfangstusch mit Pauken und Trompeten wegfallen werde. Bei der Tafelmusik und den Gesundheiten sollten die Pauken nur ganz leise gerührt werden, und statt der Trompeten würden nur Waldhörner verwendet. Daraufhin nahmen die Bürgermeister die Einladung an.
Wer wollte es denn den Kaufleuten auch schon verdenken, daß sie auf eine so traditionelle Zusammenkunft nicht verzichten wollten, wenn nicht zwingende Gründe dafür vorlagen. So setzten denn gerade die Älterleute ihre ganze Überzeugungskraft darein, die Tradition dieses Gastmahls zu beschwören und auf seiner Durchführung zu bestehen. Mit einem gewissen Hintersinn sozusagen. Denn sie konnten schon vier Tage vor dem offiziellen Festakt die Humpen kreisen lassen. Jeweils am Sonnabend vor dem großen Fastelabend-Schmaus traf man – wie es aus dem Jahre 1764 bezeugt ist – zu einer Vorbesprechung zusammen. Man unterhielt sich über den Ablauf des Festes und vergaß darüber nicht, auch bei dieser Gelegenheit schon einmal vorzukosten. Am Sonntag wurden die Festvorbereitungen fortgesetzt.
Und dann endlich war der Dienstag da, der zweite Tag nach Estomihi, an dem man die Prominenz der Stadt mit Pauken- und Trompetenklängen zu Tische bitten konnte. Ganz oben im Schütting hatte man den Bürgermeistertisch gedeckt. Die Menükarte führte Rehrücken und Ochsenbraten auf, Kapaune, frischen Lachs, Rheinwein und Selterswasser. Gleich daneben stand der Ratsherrentisch, und von den Gelagen aus erhoben die Schonenfahrer ihr Glas auf das Wohl der Stadt. Einige Tage nach dem festlichen Mahl wurden die neuen Brüder in das Kollegium eingeführt und auf die Kaufmannsordnung vereidigt.
Dennoch, es waren letzte Glanzlichter, die im Schonenfahrer-Schütting aufleuchten sollten.
1755 wurde auf das große Gastmahl erstmals verzichtet. Von 1777 an fand es nur jedes zweite Jahr statt. Und 1798 rang man sich nur mit großer Mühe noch

einmal zur traditionellen Zusammenkunft durch, obwohl man in den Vorbesprechungen zu bedenken gegeben hatte, daß mit Rücksicht »auf die jetzigen Zeitläufte in unserer Lage jedes Aufsehenerregendes zu vermeiden sey«. Und fortan war auch von Lachs und Ochsenbraten, von Rehrücken und Rheinwein keine Rede mehr.
Sicherlich wird man in privater Runde auch weiterhin allerlei Köstlichkeiten aufgetafelt haben, und die Gespräche werden sich wie sonst auch um Lübecks Handel und Wandel gedreht haben, nicht zuletzt auch um die Schwierigkeiten, mit denen der Kaufmann zu kämpfen hatte. Und dazu gehörte zwangsläufig auch das Thema Trave.

Maße und Gewichte

1 Zoll = 0,023968 Meter
1 Fuß = 0,28762 Meter
1 Elle = 2 Fuß = 0,5752 Meter
1 Ruthe = 16 Fuß = 4,60187 Meter

Hohlmaße für Wein

1 Stübchen = 3,6375 Liter
1 Oxhoft = 28,251 Liter

Hohlmaße für Rheinwein

1 Viertel = 7,275 Liter
1 Ohm = 145,5006 Liter

Hohlmaße für Bier

1 Kanne = 1,8627 Liter
1 Faß = 149,0187 Liter

Hohlmaße für Getreide und Salz

1 Faß Roggen = 8,6725 Liter
1 Scheffel Roggen = 34,69 Liter
1 Scheffel Hafer = 39,54 Liter

1 Tonne englisches oder spanisches Salz = 1,4186 Hektoliter

1 Last = 24 Tonnen
= 96 Scheffel = 384 Fässer

Zählmaße

1 Zimmer = 4 Decher = 40 Stück
1 Zwölfter = 12 Stück
1 Hundert Bretter oder Dielen = 10 Zwölfter

Gewichte

1 Schiffspfund = 2,5 Zentner = 20 Liespfund = 280 Pfund bei Seefracht oder 320 Pfund bei Landfracht

1 Pfund = 2 Mark = 32 Loth = 512 Drachma. Die früher allgemein gültige Kölnische Mark hatte 233,86 Gramm, das Pfund also 467,72 Gramm

1 Last als Schiffsgröße = 1,5 Registertonnen
1 Mund Kalk = 5 Tonnen

Mit der Dreckmühle gegen Traveschlamm

Von Schiffern, Trägern und Teerknechten

Die Trave ist seit jeher das Sorgenkind der Lübecker Kaufleute gewesen. Denn immer wieder drohte sie zu versanden und den Schiffen die Zufahrt nach Lübeck zu erschweren. Und es waren ja nicht gerade wenige Schiffe, die auf der Trave hinauf- und hinuntersegelten. Im Jahre 1368 bereits wurden 850 ausgehende Schiffe mit einer Ladung von insgesamt 25 000 Tonnen gezählt, für damalige Verhältnisse ein sehr bedeutendes Volumen. Hamburg brachte es derzeit nur auf 18 000 Tonnen.

Nun war die Ladefähigkeit der Schiffe bis zum Jahr 1400 noch auf höchstens 200 Tonnen begrenzt, und entsprechend gering war ihr Tiefgang. Als dann aber immer größere Schiffe gebaut wurden, genügte die Tiefe des Trave-Fahrwassers den Anforderungen nicht mehr, zumal sich der Fluß in vielen engen Windungen und Untiefen durch die Landschaft schlängelte. Bereits zu Beginn des 15. Jahrhunderts begann man mit ersten Baggerungen. Man wühlte den Schlamm mit Handgeräten auf, um ihn in Bewegung zu bringen und damit auch das Fahrwasser zügiger fließen zu lassen. 1541 bezog man aus Danzig eine »Dreckmühle«, einen Schlammbagger, der mit Menschenkraft betrieben wurde. Mit dem ausgehobenen Schlamm wurde der Treidelsteg am Traveufer angelegt.

Doch die Natur zeigte sich immer wieder stärker als jede noch so mächtige Dreckschleuder. Besonders zu kämpfen hatte man mit dem Breitling, der Traveausbuchtung hinter der heutigen Herrenbrücke. Am 4. Januar 1609 gab der Rat eine Erklärung mitsamt Gutachten an die Bürgerschaft weiter, worin es hieß: »Ein Ehrbarer Rat hat den Schaden des Breitlings besehen lassen und befinden ihn also beschaffen, daß, wofern dem Travestrom als dem edelsten Kleinod dieser Stadt nicht beizeiten an selbigen und anderen Örtern wird geholfen, die Schiffahrt, Nahrung und Wohlfahrt dieser Stadt nicht könne gehalten werden.«

Die Kaufleute gaben, wenn auch schweren Herzens, Geld her und ließen Hand anlegen, um den Breitling zu vertiefen. Es wurden Steinkistenbollwerke zur Stromregulierung eingesetzt, die den fließenden Sand abhalten sollten, immer wieder die Fahrrinne zu verstopfen. Seit 1618 waren ständig Dreckmühlen und Schlammboote im Einsatz, um den Schiffen an dieser Stelle freie Fahrt zu verschaffen. Es wurde sogar eine eigene »Breitlingsbehörde« eingerichtet, die über die Arbeiten im Fluß und über die Sicherheit des Schiffsverkehrs zu wachen hatte.

Hafeneinfahrt bei der Struckfähre um 1880. Im Hintergrund der Teerhof vor der früheren Bastion Bellevue.

Die schwierigste Aufgabe aber war die Beseitigung der Plate, jener ausgedehnten Sandbank, vor der Travemündung, die immer wieder neue Nahrung durch die vom Brodtener Ufer anschwemmenden Sandmassen erhielt.
Fast alle größeren Schiffe mußten daher früher auf der Travemünder Reede festgemacht und dort entladen werden. Nur in stark geleichtertem Zustand konnten sie die Reise nach Lübeck fortsetzen. Ihre Hauptfracht übernahmen vor der Travemünder Plate sogenannte Leichter oder Prähme, kleine flache Boote, die sich damit dann auf den Weg nach Lübeck machten. Obwohl noch zu Beginn des 19. Jahrhunderts umfangreiche Vorkehrungen getroffen wurden, um den Sandwall vor der Travemündung zu beseitigen, mußten auch 1876 noch 96 von 1600 einlaufenden Schiffen vor der Plate haltmachen.
Doch nicht nur Untiefen und Krümmungen machten den Schiffern auf der Trave zu schaffen, sondern ebensosehr auch Flauten und widrige Winde. So schrieb der Kapitän des Lübecker Segelschiffes »Pallas« im Jahre 1799 in sein Logbuch, daß er neun Tage gebraucht habe, um sich von der Stadt bis Travemünde »Kabellänge um Kabellänge hinunterzuarbeiten«.
Und wenn alles nichts half, mußte eben gezogen werden – und dazu war der Treidelsteg da. Für die anliegenden Dorfbewohner eine willkommene Gelegenheit, sich ein kleines Zubrot zu verdienen. Über die Praktiken des Treidelns gibt eine Prozeßakte aus dem Jahr 1769 beredte Auskunft: »Nun finden sich zwar

längs dem ganzen Strome unterhalb Lübecks bis zur See von Stelle zu Stelle häufig an den Seiten eingerammte Pfähle, an welchen in Ermangelung des Gebrauchs der Segel von Zeit zu Zeit in einem Kahn vorausgeschickte Bootsleute Taue befestigten, wovon das im Schiff bleibende Ende mit einer Winde aufgewickelt und solchergestalt das Schiff dem einen Pfahle nach dem anderen genähert und also fortgezogen wird. Weil aber diese Arbeit nur langsam vonstatten geht, so gebrauchen sie sich an den Örtern, wo die Beschaffenheit des Ufers es zulässet, ordentlicher Zugleinen, vor welche sich entweder das Schiffsvolk selbst vorspannt, oder, weil auch dieses noch zu langsam ist, so wird auch aus den benachbarten längs dem Strom befindlichen Dorfschaften ein ordentliches Vorspann vermittelst eines all bereits von alten Zeiten hergebrachten und regulierten Miete- oder Fuhrgeldes dazu gebraucht.«

Die Dorfbewohner sahen dabei unnachgiebig darauf, daß ihnen der Treidellohn nicht von anderen abspenstig gemacht würde. Wiederholt mußte der Rat eingreifen, um Streitigkeiten zu schlichten. Die Äbtissin des St.-Johannis-Klosters zum Beispiel, die über Klosterländereien in Siems verfügte und somit auch Dienstherrin der Siemser Treidelleute war, lag in ständiger Fehde mit dem Schiffer der Herrenfähre, der seinerseits mit seinen Mannen Anspruch auf das Treidelrecht erhob.

Am 11. Juni 1705 beklagte sich der in den Diensten des Rats stehende Fährmann bitter darüber, daß die Äbtissin ihre Angestellten dazu aufgerufen habe, die »Leute des Fährmannes nicht Todt, sondern nur Arme und Beine entzwei zu schlagen«.

Und mit Betrübnis sahen die Dörfler die ersten Dampfschiffe die Trave entlangfahren. Jene brauchten nicht mehr gezogen zu werden – ein einträglicher Nebenerwerb war verlorengegangen. Noch einmal bäumten sie sich auf und verlangten Entschädigung für den entgangenen Gewinn. Und kurzfristig hatten sie mit ihrer Forderung sogar Erfolg. Noch im Jahre 1831 mußten Lübecker Reeder für ihre Dampfer »Britannia«, »Mercur« und »Nowgorod« den vollen Treidellohn entrichten. Erst 1852 – nach der Begradigung des Stromlaufs an der Herrenfähre – wurde diese Gebühr, wenn auch gegen den entschiedenen Protest der Dörfler, aufgehoben.

Aber auch auf anderem Gebiet hatte die Stadt schon früh Probleme mit der Trave – mit ihrer Reinhaltung nämlich. Das Wort »Umweltschutz« ist demnach nicht erst heute erfunden worden. Schon 1370 wurde das Anlegen von Röhren (Pipen) zur Ableitung von Schmutzwasser in die Trave verboten. 1421 ordnete der Rat an, daß an den zur Trave führenden Straßen Schlammfangkisten aufzustellen seien, die regelmäßig gereinigt werden müßten. Auch die Zahl der Aborte am Fluß wurde eingeschränkt, Schweinekoben am Traveufer durften nicht mehr gebaut werden. Es war verboten, Abfälle in den Fluß zu werfen. Hierfür wurden Mistkästen aufgestellt.

Wismar in einer Federzeichnung aus der ersten Hälfte des 17. Jahrhunderts.

Klagen über schwere Leichensteine

Zu den wichtigsten Mitarbeitern des Kaufmanns gehörten die Träger. Ohne sie hätten die Schiffe nicht entladen werden können, ohne sie wären Speicher und Keller in den Giebelhäusern der Stadt leer geblieben.

Zum ersten Mal taucht der Begriff »Träger« im Jahre 1299 in einer Streitsache mit Bischof Burchard auf. Seinerzeit waren Träger ausgeschickt worden, um auf den Stadtwiesen Dornen und Gestrüpp auszuroden. Doch statt zu zupfen, hatten sie gebechert und waren trunken in einen naheliegenden Landsitz des Bischofs eingefallen, hatten den Weinkeller geplündert, den Hof in Brand gesteckt und schließlich noch in der Stadt die Kurien der Domherren zerstört.

Sie aber wird man mit Sicherheit nicht als die eigentlichen Vorgänger jener Träger ansehen dürfen, die sich im Jahre 1313 zu einer ersten festen Genossenschaft zusammenschlossen. Laut Ratsordnung oblag ihnen die alleinige Verantwortung für das Beladen und Löschen der ankommenden und ausgehenden Schiffe.

Kaimauern gab es damals noch nicht im Hafen. Die Schiffe wurden an den im Strom eingerammten Pfählen vertäut, von wo aus ein Bohlensteg zu einer Landungsbrücke führte. Es waren im Wasser dümpelnde viereckige Flußkähne, sogenannte Prähme. Von den Ufern her führten Stege zu ihnen hinüber, die sich entsprechend dem jeweiligen Wasserstand hoben und senkten. Die Prähme waren so groß, daß bis zu drei Schiffe an ihnen gleichzeitig festmachen konnten. Die Träger hatten also allerlei Balanceakte zu vollführen, bis es ihnen vorweg schon mal gelungen war, die Schiffsgüter an Land zu bringen, um sie dann die steilen Straßen weiter aufwärts zu schleppen.

Vier große Prähme gab es im Lübecker Hafen, die sich die Kollegien untereinander teilten. So gab es die Bergenfahrer-Träger, die Schonenfahrer-Träger und viele andere Gruppen mehr. Bald auch bildeten sich unter den Trägern Spezialisten heraus, die entsprechend der Eigenart des ankommenden Gutes über besondere Fachkenntnisse verfügten. Denn auf der Gewissenhaftigkeit der Träger beruhte zu einem guten Teil der gute Ruf der lübeckischen Ware.

Schon damals legte Lübeck Wert darauf, ein »schneller Hafen« zu sein, »damit des Kaufmanns guter durch aufhaltung und verzug nicht in schaden geraten und verderbt werden mögen«. Heringspacker, Bierspünder, Weinschröter und Salzwälzer hoben sich als erste aus der allgemeinen Masse der Träger heraus. Ihnen folgten später die Kohlenstürzer, Wagenlader und Zuschläger. Die Arbeit der Zuschläger bestand in dem Verpacken und Verschnüren großer Kisten und Packen für den Fernversand, eine Tätigkeit, die besondere Übung und handwerkliches Geschick erforderte. Die Wagenlader halfen fremden Kaufleuten beim Ein- und Ausladen der Waren und mußten besondere Fertigkeiten beim Verstauen von Ballen, Tonnen und Kisten besitzen.

Die Heringspacker besorgten das Umpacken, Aussuchen und Auffüllen (Verhögen) der durch das Lagern zusammengesunkenen Tonnenheringe. Die Bierspünder füllten und spundeten die Fässer in ähnlicher Weise wie die Weinschröter.

Auf den Prähmen selbst hatten die Frachtherren der Kaufleute für eine ordnungsgemäße Spedition der Waren zu sorgen. Und nicht selten genug waren sie der erste Prellbock, der neue Lohnforderungen oder sonstige Ansuchen der Träger abfangen mußte. Im Jahre 1605 zum Beispiel kam ihnen eine Beschwerde zu Ohren, in der die mangelnde Aufsicht der Träger über die von ihnen angeheuerten Hilfskräfte gerügt wurde. Dadurch sei allerhand Gesindel, Schelme, Diebe und auch loses Weibsvolk an Bord der Prähme geraten, »die nichts als fressen und saufen und sich massenweise am Bier und andern Eßwaren vergriffen«.

Die Träger ihrerseits klagten wiederholt über die unzumutbaren Belastungen, die ihnen durch den Transport von Talgfässern und Leichensteinen aufgebürdet würden. Die Frachtherren indes hielten sie dazu an, daß sie die Bürger und Kaufleute mit diesen schwergewichtigen Waren auch weiterhin »ordentlich bedienten«, ohne zuviel zu fordern. Mit einer oder zwei Kannen Bier, die die Kunden freiwillig anböten, sollten die Träger zufrieden sein. Die Beförderung der Grabsteine und Beischläge vom Schiff aufs Land sollte ihnen je nach Länge vergütet werden.

Gruppenbild der Lübecker Träger-Corporation vor einem Hafenschuppen im Mai 1913. Sechs Jahre später lösten die Träger ihre Corporationen nach über 600jährigem Bestehen auf und traten als Stammarbeiter in den Dienst der Handelskammer.

Und noch eins forderten die Träger: Der Lohn solle je nach Gütermenge und Art des Transports »über Berg« und »unter Berg« gestaffelt sein. Für Waren, die im Hafenrevier und den unteren Nebenstraßen verblieben, wolle man notgedrungen einen niedrigeren Tarif in Kauf nehmen als für jene, die man »über

Berg« in jene Straßen wuchten müßte, die sich im ostwärts gelegenen Teil der Stadt befänden. Dieser Forderung wurde 1636 denn auch entsprochen.
Erst im Jahre 1919 löste sich die Träger-Korporation auf. Ihre Mitglieder trugen nun nicht mehr die traditionelle Tracht – schwarzseidenen Kittel, die Kniehose, die grauen Wollstrümpfe und die dunkle Schirmmütze. Sie paßten sich vielmehr dem Stil der Zeit an und begaben sich als Stammarbeiter in die Dienste der Handelskammer.

Pulverlager sorgt für Gefahr

Schon lange zuvor war drüben, auf der anderen Seite der Trave, der Teerhof geschlossen worden, der Lagerplatz für eines der wichtigsten Importgüter Lübecks. Teer wurde in den nordischen Ländern in riesigen Eisenkesseln erzeugt durch das Schwelen harzreichen Holzes, dem Wurzeln und Strauchwerk beigegeben wurden. Je nach Holzart und Schweldauer gewann man Teer unterschiedlicher Güte. Der helle Teer wurde zur Kienölherstellung verwendet, den dunklen Teer gebrauchte man als Wagenschmiere, der dicke Teer wurde zum Schiffkalfatern benutzt. Und auch für die Rückstände, das Pech, fand man Verwendung.
In den unterschiedlichsten Gefäßen landete der Teer aus Finnland, Schweden, Gotland und Preußen in Lübeck an. Die Hansestadt aber legte Wert darauf, ihn frei von Schmutz in genormten Eichenfässern weiterzuverkaufen. Der »Lübekker Teer« hatte damals Weltruf. Noch bis ins erste Drittel des 19. Jahrhunderts hinein war Lübeck neben London der Weltmarkt für Teer und Pech. Erst als man dazu überging, Teer aus Steinkohle zu gewinnen, verlor Lübeck seine Bedeutung als »Holzteerhafen«.
Der Teerhof wurde um das Jahr 1400 eingerichtet und befand sich bis 1883 auf der linken Traveseite gegenüber der Petersilienstraße. Ein vom Rat ernannter »Hauptmann« führte die Aufsicht über den Hof und die »Teerknechte«. Wraker begutachteten die ankommende Ware und entschieden, ob sie »handelstüchtig« sei. Zugleich bestimmten sie, für welchen Zweck der Teer zu gebrauchen sei. Schließlich arbeitete auf dem Hof noch ein Stamm von Hilfskräften, die das Schließen und Ausbessern der Tonnen zu besorgen hatten. Es waren die von der Kaufmannschaft verpflichteten Teerbinder.
Die Kaufleute selbst mußten für die Lagerung des Teers, für das Umstürzen in »Lübecker Tonnen« und für sonstige Dienstleistungen Gebühren zahlen. Selbst das Markieren der Tonnen wurde extra angerechnet. Anfangs brannte man bestimmte Zeichen für die jeweilige Qualität des Teers in die Tonnen ein, dann jedoch wurden die Marken mit dem Hammer eingeschlagen.
Denn der Umgang mit Feuer auf dem Teerhof war eine viel zu riskante Sache.

Der Rat erließ daher immer neue strengere Vorschriften, die das Hantieren mit offenem Feuer untersagten. Und dies noch einmal besonders nachdrücklich, als 1771 auf der nahe gelegenen Bastion Fiddel ein Pulverlager eingerichtet wurde. Wiederholt wurde auch aus diesem Grunde die Verlegung des Teerhofs diskutiert. Doch ungern nur wollte man von diesem Platz an der Trave weichen. Zum einen, wurde argumentiert, würde eine neue Anlage weiter außerhalb der Stadt sehr kostspielig werden, zum anderen müßten neue Schiffsanleger und Zufahrtswege geschaffen werden. Schon die Planierung des ins Auge gefaßten hügeligen Geländes, so rechnete Stadtbaumeister Soherr den Kaufleuten vor, würde erhebliche Summen erfordern. Angesichts dieser Sachlage, so vermerkt die Chronik, seien die Kaufleute »andern Sinns geworden« und hätten von einer Verlegung des Teerhofs abgesehen.

Die Regelung der inneren Teerhofsangelegenheiten war seit jeher Sache der am Teerhofgeschäft beteiligten Kaufleute gewesen. Um so verärgerter waren sie daher, als zur Teerknechtswahl im Jahre 1593 Schonenfahrer-Ältermann Peter Detlefsen und einige andere Kaufleute erschienen, die mit dem Teerhandel überhaupt nichts zu tun hatten. Allen Protesten der Teerkaufleute zum Trotz gelang es Detlefsen sogar, die Wahl eines ihm genehmen Schreibers durchzusetzen. Noch wiederholt sollte es in dieser Frage zu Streitigkeiten kommen. Die Schonenfahrer wollten eben auch auf dem Teerhof die erste Geige spielen.

Nach dem großen Hamburger Brand von 1842 war die Frage einer Verlegung des Teerhofs erneut akut geworden. Diesmal folgte den Überlegungen die Tat. Nachdem 1845 zunächst an der Außenseite der nördlichsten Bastion Bellevue ein neues Terrain für die Teertonnen erschlossen worden war, zog man 1854 noch ein Stück weiter, weil sich der Platz als zu klein erwiesen hatte. Zeitweise lagerten auf dem Gelände nämlich bis zu 26 000 Tonnen Teer. 1883 schließlich siedelte man zur Teerhofsinsel hinüber.

Von Pfennigen, Dukaten und Talern

Wer im hohen Mittelalter 100 Mark besaß, war ein recht wohlhabender Mann. Denn eine solche Summe entsprach in der zweiten Hälfte des 13. Jahrhunderts einer Kaufkraft von vielen Tausendern nach heutiger Währung. Aber schon 100 Jahre später war die mittelalterliche Mark nur noch die Hälfte wert, und ihre Kaufkraft sank zunehmend weiter.
Gehandelt hatte man ursprünglich nur mit Pfennigen, sogenannten Hohlpfennigen, die nur auf einer Seite ausgeprägt waren. Das auf der Vorderseite erhabene Münzbild war auf der Rückseite vertieft zu sehen. Die Pfennige waren aus blattdünnem Silberblech gefertigt. Später kamen auch zweiseitig geprägte Pfennige auf den Markt. Im 14. Jahrhundert prägte man dann Münzen mit höherem Geldwert: die Blafferte (hohle Doppelpfennige), Witten, Schillinge, Dreilinge und Sechslinge.

Die lübische Mark war keine ausgeprägte Münze, sondern eine Gewichtseinheit, nach der man rechnete. Eine Kölner Feinsilbermark entsprach dem Gewicht von etwa 230 Gramm Silber. Der Kaufmann mußte seinerzeit 466 Pfennige auf die Waagschale legen, wenn er eine Mark lübsch zu bezahlen hatte. Eine Mark entsprach im Mittelalter 16 Schillingen, 48 Witten oder 96 Blafferten.
Durch den Reichsfreiheitsbrief von 1226 hatte Lübeck das Recht erhalten, selbst Pfennige zu prägen. Die Urkunde Ludwigs des Bayern von 1340 erweiterte dieses Recht: Lübeck durfte fortan seine Prägungen ändern und als erste deutsche Stadt auch Goldgulden nach Florentiner Art herausbringen. Die letzte Lübecker Prägung war der Dukaten von 1801.
Silber- und Goldmünzen unterschiedlichster Werte kamen im Mittelalter bald auch anderswo in Hülle und Fülle auf den Markt. Lübeck und die ihm benachbarten Städte Wismar, Rostock, Hamburg und Lüneburg erreichten 1379 im sogenannten Wendischen Münzverein auf mehr als 100 Jahre eine währungspolitische Einheit im westlichen Ostseeraum, die bis weit nach Osten als Vorbild diente.
Die steigende Edelmetallproduktion in der früheren Neuzeit führte zu einer fort-

Lübecker Münzen aus verschiedenen Epochen (v. l. n. r.): Schilling von 1360, Dukaten von 1612, Doppeldukaten von 1717, Doppeldukaten von 1678.

währenden Zunahme des Geldes und damit auch zu einer fortschreitenden Inflation der Währung. Könige und Fürsten waren darauf bedacht, zur Steigerung ihrer Einnahmen, daneben auch als Symbol ihrer wirtschaftlichen Eigenständigkeit, Münzen einzuziehen und dafür geringerwertige in Umlauf zu bringen.
Versuche, eine einheitliche Reichsmünze gelten zu lassen, schlugen immer wieder fehl. Immerhin orientierte man sich am Reichstaler, der zumindest zeitweise als halbwegs verbindliche Währung galt. Erst 1872, ein Jahr nach der Gründung des Deutschen Reiches, konnte auch das Münzwesen einheitlich geregelt werden. Die damals eingeführte Münze, die die Talerwährung ablöste, erhielt die Bezeichnung »Mark«, womit die Erinnerung an die lübeckisch-hansische Münzgeschichte fortlebt.

Am Tau hingen Gut und Leben

Die Dröge sorgte für eine gute Teerung

Mit Teer hatte auch die Dröge zu tun, eine »genossenschaftliche Tauteerungsanstalt«, die von den Lübecker Kaufleuten am Ende des 16. Jahrhunderts gegenüber der Engelsgrube errichtet wurde. Die Initiative zur Gründung der Dröge ging dabei von den Spanienfahrern aus, jenen Kaufleuten, die sich dem Handel mit der »Westsee« verschrieben hatten.
Mehr noch als die Schiffe auf der Ostsee waren ihre Segler darauf angewiesen, bestmöglich ausgerüstet zu sein, um auch den wilden Ozeanstürmen trotzen zu können. Die Lübecker Schiffszimmerleute waren seit jeher für ihre Qualitätsarbeit bekannt, auch auf die Segelnäher war Verlaß. Sorgen bereitete den Schiffern dagegen nur immer wieder die Takelung, das »feste Gut«, das die Masten und Rahen hielt, und das »laufende Gut«, mit dem die Segel per Hand gerefft und aufgezogen wurden.
Dieses Tauwerk wurde von den Reepern angefertigt. Bevor es jedoch verkauft werden konnte, mußte es gründlich geteert werden, um den Stürmen und der Salzwassergischt standhalten zu können. Das Teeren des Tauwerks hatten die Reeper einem der Ihren übertragen, der sich dazu eine eigene Werkstatt eingerichtet hatte. Er arbeitete sozusagen konkurrenzlos, und die Seeleute waren auf Gedeih und Verderb auf ihn angewiesen. Ein Tau mochte letztlich noch so schön geteert aussehen, am Ende zeigte es sich erst auf der Fahrt, ob es bei jedem Wetter hielt oder etwa im Innern faulte, weil es feucht in den Teerkessel gekommen war – und dann hingen Schiff, Gut und Leben dran.
Die Spanienfahrer wollten dieses Risiko nicht länger auf sich nehmen und beriefen daher im Jahr 1594 alle Reeder zu einer Beratung in die Katharinenkirche. Die Sicherheit auf den Meeren, so legten sie dar, könne nur dadurch gewährleistet werden, indem sich die Kaufmannschaft zur Gründung einer eigenen Tauteerungsanstalt bereit fände. Die von den Reepern gelieferte Ware müßte hier gewrakt (geprüft) und gegebenenfalls zurückgewiesen werden. Die gewissenhafte Trocknung und Teerung des Taus sei nun einmal eine entscheidende Voraussetzung für ein glückliches Gelingen jeder Handelsfahrt.
Die Baugelder zur Errichtung der »Dröge« sollten nach den Vorschlägen der Spanienfahrer durch eine allgemeine Schiffsbauabgabe eingebracht werden. Mit über 100 Unterschriften stimmten die Kaufleute dem Bau der Dröge zu.
1596 konnte der Betrieb seine Arbeit aufnehmen. Die Reeper fanden sich nur

schwer mit der scharfen Nachprüfung ihrer Erzeugnisse ab. 1603 murrten sie, fortan nur noch für die Bauern arbeiten zu wollen, die Kaufleute möchten ihr Tauwerk doch auswärts beschaffen. Aber damit hätten sie sich letztlich nur ins eigene Fleisch geschnitten, zumal in ihrer Amtsrolle ausdrücklich vermerkt war, daß die Verwendung gebrauchten oder eingeführten Schiffstauwerks bei Lübecker Neubauten strikt verboten war.

Nun gab es allerdings immer wieder Schwierigkeiten mit der Ansiedlung der Reeper und damit verbunden auch mit der Dröge. Die Reeper brauchten viel Platz zur Trocknung des Tauwerks – in der Innenstadt war dafür nicht Raum genug. Sie mußten also jenseits des Traveufers ihrem Handwerk nachgehen. Als zu Beginn des 30jährigen Krieges wilde Soldatenhorden durch die Lande zogen, sah es der Rat für geboten an, einen dichten Festungsring um die Mauern der Stadt zu ziehen und sie mit Wällen und Bastionen zu schützen.

Mit zahlreichen Gärten vor den Toren der Stadt traf auch einige Ziegeleien, die Reeperbahnen und die neue Dröge im Jahre 1639 das Schicksal, um des Schutzes der Vaterstadt willen »demoliret« zu werden.

Die Reeper mußten sich auf ein Gelände zurückziehen, das noch heute durch die Reiferstraße bezeichnet wird. Die Dröge sollte in geringem Abstand davon in der Lohmühlengegend angesiedelt werden. Diese Lage aber erschien den Kaufleuten in Anbetracht der heiklen Zeiten denn doch zu gefährlich. Sie bestanden auf einem Neubau in Hafennähe, der denn auch unmittelbar neben dem städtischen Gießplatz, der Engelsgrube gegenüber, errichtet wurde. Es war ein mächtiges Gebäude mit einer langgestreckten barocken Schauseite und einem ausladenden Längsdach, das aber durch steil aufragende Kleingiebel gegliedert war.

Im Innern reihten sich unter den Backsteingewölben der Heizkeller, der Trocknungsraum und der Teerraum aneinander. Neben einem Holzschuppen befanden sich das Krughaus und mehrere Wohnungen für die Werkleute. Der Nachteil der neuen Anlage: Sie war von den Reeperbahnen ein gutes Stück entfernt. Aus Sicherheitsgründen hatte es der Rat sogar abgelehnt, einer Fährverbindung zwischen der Dröge und den Reeperbahnen über den neuen Stadtgraben hinweg zuzustimmen. So blieb den Reepern nichts anderes übrig, als ihre Taue über den umständlichen Weg durch das Holstentor zur Dröge zu transportieren. Man verpflichtete dazu gegen festen Tarif einen Fuhrmann.

Inzwischen war auch ein Wandel in den hinter der Dröge stehenden kaufmännischen Gruppen vor sich gegangen. Die Spanienfahrt war langsam, aber sicher zum Erliegen gekommen. Geblieben waren schließlich nur die »Spanischen Kollekten«, die ursprünglich dazu hatten dienen sollen, die Kosten für diplomatische Verhandlungen in Spanien aufzubringen, um Widerstände aus dem Weg zu räumen, wozu nach einigem Zaudern die meisten Kaufleute ihr Jawort gegeben hatten. Als zunehmend weniger Schiffe Kurs auf Spanien und Portugal nahmen, wurden die Überschüsse der Kollektenkasse nun auch anderwärtig zum Vorteil des Handels eingesetzt. Und wieder waren es die Schonenfahrer, die schon bald auch über die »Kollekten« zu bestimmen hatten und daraus auch dem Schütting ein gut Teil zukommen ließen.

Dennoch konnten sie nicht verhindern, daß ein Dreiergremium, bestehend aus den Gewandschneidern, den Krämern und der Kaufleute-Compagnie, nach langem Tauziehen um die Kollektenkasse die Hälfte für sich beanspruchen konnte und ihrerseits eine neue Kasse eröffnete. Von nun an waren die fünf Fahrer-Compagnien in dieser Beziehung unter sich, und die Vorsteher zeichneten fortan als »Vorstender Eines Erbaren Kauffmanns Alter und Newen Dröge und Alter Hispanischer Colecten.«

Nun waren Lübecks Kaufleute seit jeher keine Kostverächter. Wo gearbeitet wird, muß auch gefeiert werden dürfen, sagten sie sich und bauten neben der Dröge einen Schützenhof mit Lusthaus, Schießplatz, Gärten und Scheibenstandwällen. Dem Krugwirt wurde zugleich die »Hanffuhr« übertragen. Er hatte den rohen Hanf zu den Reifen und die fertige Ware zur Dröge zu befördern.

Nicht selten fanden denn auch im Schützenhof die Jahresversammlungen des Dröge-Vorstands statt. Vielerlei war zu beraten. Finanzfragen und die Rentabilität der Teeranstalt als solche standen zur Debatte, über Lohnerhöhungen und Zuwendungen an Bedürftige wurde debattiert. Selbst der Name Dietrich Buxtehudes taucht in den Abrechnungen der Dröge-Vorsteher auf. Ihm wurde ein jährlicher Ehrensold von 60 Courantmark zugewiesen wie auch seinen Nachfolgern, wobei denn gelegentlich die Mahnung einfloß, »beim Tedeum die Orgel fleißiger zu rühren«.

Nach soviel Fleißarbeit dann aber das große Festmahl, das der Dröge-Älteste in seinem Hause ausrichtete. Und er zeigte sich nicht kleinlich. Bei jedem der ersten vier Gänge thronte auf der Tafelmitte ein üppiges Fleischgericht, umrankt von Wild, Fisch und Geflügel, daneben in reicher Fülle Gemüse- und Salatplatten. Dazu wurden Zwieback und Spritzkuchen gereicht. Und auch der fünfte Gang, der Nachtisch, konnte sich sehen lassen. Es gab »Appel Sina, Moscowiterbrod, Dadeln und klein Martzipan«. Wen wollte es da wundernehmen, daß sein Amtsbruder im nächsten Jahr noch ein wenig mehr auf die Tafel legte: Kaviar zum Beispiel, Artischocken, Krammetsvögel, Birkhühner, Krebse und als würzigen Tupfer dazu – »Corry« aus Indien.

Ratsmandate aus dem 17. und 18. Jahrhundert, den Handel und Wandel in Lübeck betreffend. In ihnen wurde unter anderem auf das Verbot der freien Durchfuhr sowie auf das der Zoll- und Abgabenhinterziehung hingewiesen.

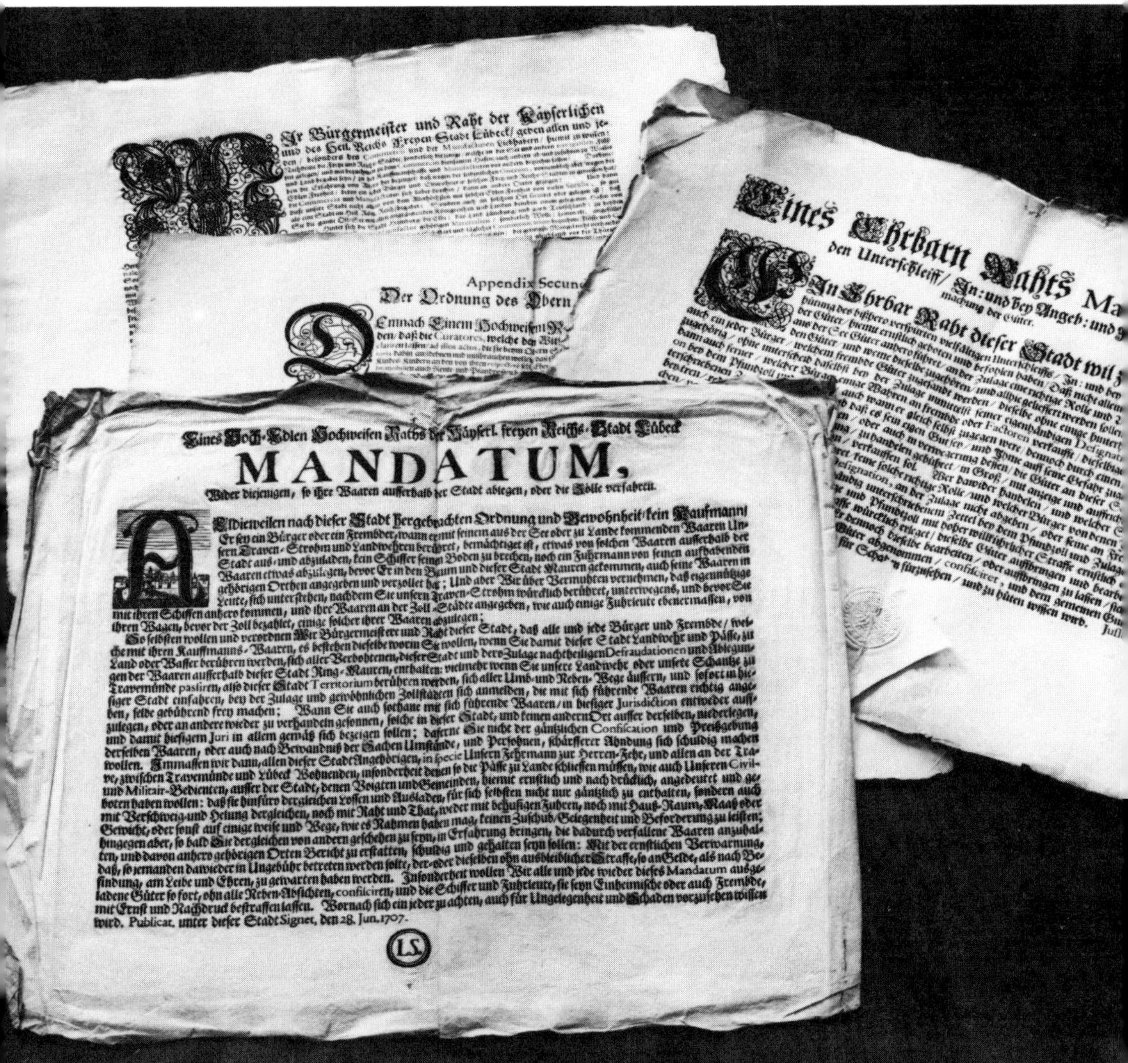
Ihr Bürgermeister und Raht der Käyserlichen und des Heil. Reichs Freyen Stadt Lübeck / geben allen und je-
Appendix Secun
Der Ordnung des Obern
Demnach Einem Hochweisen R
Eines Ehrbarn Rahts Ma
den Unterschleiff / An: und Bey Angeb: und
machung der Güter.
Ein Ehrbar Raht dieser Stadt wil
Eines Hoch-Edlen Hochweisen Raths der Käyserl. freyen Reichs-Stadt Lübeck
MANDATUM,
Wider diejenigen, so ihre Waaren ausserhalb der Stadt ablegen, oder die Zölle verfahren.
Alldieweilen nach dieser Stadt Hergebrachten Ordnung und Gewohnheit kein Kaufmann /
Er sey ein Bürger oder ein Frembder, wann er mit seinem aus der See oder zu Lande kommenden Waaren Un-
sern Traven-Strohm und Landwehren berühret, bemächtiget ist, etwas von solchen Waaren ausserhalb der
Stadt aus- und abzuladen, kein Schiffer seinen Boden zu brechen, noch ein Fuhrmann von seinen aufhabenden
Waaren etwas abzulegen, bevor Er in den Baum und dieser Stadt Mauren gekommen, auch seine Waaren in
gehörigen Orthen angegeben und verzollet hat; Und aber Wir über Vermuhten vernehmen, daß eigennützige
Leute, sich unterstehen, nachdem Sie unsern Traven-Strohm würcklich berühret, unterwegens, und bevor Sie
mit ihren Schiffen anhero kommen, und ihre Waaren an der Zoll-Städte angegeben, wie auch einige Fuhrleute ebenermassen, von
ihren Wagen, bevor der Zoll bezahlet, einige solcher ihrer Waaren abzulegen;
So selbsten wollen und verordnen Wir Bürgermeister und Raht dieser Stadt, daß alle und jede Bürger und Frembde / wel-
che mit ihren Kauffmanns-Waaren, es bestehen dieselbe worin Sie wollen, wenn Sie damit dieser Stadt Landwehr und Pässe, zu
Land oder Wasser berühren werden, sich aller Verbohtenen, dieser Stadt und dero Zulage nachtheiligen Defraudationen und Ablegun-
gen der Waaren ausserhalb dieser Stadt Ring-Mauren, enthalten: vielmehr wenn Sie unsere Landwehr oder unsere Schantze zu
Travemünde passiren, also dieser Stadt Territorium berühren werden, sich aller Umb- und Neben-Wege äussern, und sofort in hie-
siger Stadt einfahren, bey der Zulage und gewöhnlichen Zollstädten sich anmelden, die mit sich führende Waaren richtig ange-
ben, selbe gebührend frey machen; Wann Sie auch sothane mit sich führende Waaren / in hiesiger Jurisdiction entweder auff-
zulegen, oder an andere wieder zu verhandeln gesonnen, solche in dieser Stadt, und keinen andern Ort ausser derselben, niederlegen,
und damit hiesigem Juri in allem gemäß sich bezeigen sollen; daferne Sie nicht der gäntzlichen Confiscation und Preißgebung
derselben Waaren, oder auch nach Bewandniß der Sachen Umstände, und Persohnen, schärfferer Ahndung sich schuldig machen
wollen. Immassen wir dann, allen dieser Stadt Angehörigen, in specie Unsern Fehrmann zur Herren-Fehr, und allen an der Tra-
ve, zwischen Travemünde und Lübeck Wohnenden, insonderheit denen so die Pässe zu Lande schliessen müssen, wie auch Unseren Civil-
und Militair-Bedienten, ausser der Stadt, denen Voigten und Gemeinden, hiemit ernstlich und nachdrücklich, angedeutet und ge-
boten haben wollen: daß sie hinfüro dergleichen Lossen und Ausladen, für sich selbsten nicht nur gäntzlich zu enthalten, sondern auch
mit Verschweig- und Helung dergleichen, noch mit Raht und That, weder mit behülfigen Fuhren, noch mit Hauß-Raum, Maaß oder
Gewicht, oder sonst auf einige weise und Wege, wie es Nahmen haben mag, keinen Zuschub / Gelegenheit und Beforderung zu leisten;
hingegen aber, so bald Sie dergleichen von andern geschehen zu seyn, in Erfahrung bringen, die dadurch verfallene Waaren anzuhal-
ten, und davon anhero gehörigen Orten Bericht zu erstatten, schuldig und gehalten seyn sollen: Mit der ernstlichen Verwarnung,
daß, so jemanden dawieder in Ungebühr betreten werden solte, der- oder dieselben ohn ausbleiblicher Straffe, so an Gelde, als nach Be-
findung, am Leibe und Ehren, zu gewarten haben werden. Insonderheit wollen Wir alle und jede wieder dieses Mandatum ausge-
ladene Güter so fort, ohn alle Neben-Absichten, confisciren, und die Schiffer und Fuhrleute, sie seyn Einheimische oder auch Frembde,
mit Ernst und Nachdruck bestraffen lassen. Wornach sich ein jeder zu achten, auch für Ungelegenheit und Schaden vorzusehen wissen
wird. Publicat. unter dieser Stadt Signet, den 28. Jun. 1707.
L.S.

Doch nichts ist schwerer zu ertragen als eine Reihe von schönen Tagen. Nach dem opulenten Wochenende forderte der Alltag wieder sein Recht. Auf vieles galt es achtzugeben, damit die Dröge auch weiterhin ertragreich wirtschaftete. Und dazu trugen nicht wenige bei: der Drögeschreiber zum Beispiel, der die angelieferten und gewogenen Hanfmengen notierte, den Knecht zum Teerholen nach dem nahe gelegenen Teerhof schickte, die Eichenkloben aus dem Stecknitz-Kahn in die Feuerungsschuppen schleppen ließ oder dem Takelmeister der nächsten Werft das fertig geteerte Tauwerk auslieferte.

Der Dröger war für das ordnungsgemäße Teeren des Tauwerks zuständig. Sechs Tage lang mußte es im Heizungskeller trocknen, damit es geschmeidig und aufsaugbegierig wurde. Anschließend wurde es im Kesselraum in die heiße Teerbrühe des viereckigen kupfernen Teerkessels getunkt, worin es einen Tag liegenblieb. Schwierigkeiten bereiteten die mächtigen Ankerseile, das sogenannte Pflichttau. Es konnte jeweils nur zu einem Drittel in die Teerbrühe eingetaucht werden. Der Teerkocher hatte in diesem Falle gewissenhaft darauf zu achten, daß keine Lücken mit ungenügender Teerung blieben.

Die Dröge erweiterte mit der Zeit ihren Betrieb noch dadurch, daß sie Meßtonnen für Salz und Kohle herstellte und an Interessenten vermietete. Noch im 19. Jahrhundert schaffte sie »Daumkraften« an, große Schraubgewinde, mit denen lockeres Ladungsgut, etwa Baumwolle, im Schiffsraum zusammengepreßt werden konnte.

Dennoch, allen Modernisierungen zum Trotz, konnte die Dröge auf Dauer nicht mehr mit den technischen Neuerungen Schritt halten. Zu Beginn des 19. Jahrhunderts kam glatter aussehendes Maschinen- oder Patenttauwerk auf, das aber im Gegensatz zu der Lübecker Gepflogenheit vor der Verarbeitung »im Garn« geteert wurde. Da die Stadt die Einfuhr solcher Takelung von auswärts gelegentlich bewilligte, erboten sich die darüber verärgerten Reifer ihrerseits, eine dazu nötige Maschine anzuschaffen, wenn die Dröge auf ihr Alleinrecht, Tau nach Fertigung zu teeren, verzichtete und ihnen die vorherige Teerung zubilligen wolle. Die Drögeherren wehrten ab: Dann seien die Reeder doch wieder wie zuvor machtlos dem guten oder bösen Willen der Reeper ausgeliefert.

Der Rat indes hob beide Monopole auf. Er »befreite die Dröge von der Verpflichtung«, allen Lübecker Schiffen gut geteertes Tauwerk zu gewährleisten, und wies die Aufgaben dem freien Wettbewerb zu.

Das stattliche Drögehaus fiel in den 80er Jahren des vorigen Jahrhunderts der Hafenerweiterung zum Opfer. Wo einst die Teerkessel brodelten, schwappt heute das Travewasser hin und her. Um den freien Handel in Lübeck aber hatte es schon lange zuvor auch auf anderen Gebieten lebhafte Kontroversen gegeben.

Harte Töne vom preußischen König

Lübeck verbietet Fremden freie Durchfuhr

25 Hamburger Kaufleute wandten sich im November des Jahres 1606 an den Rat ihrer Stadt und beklagten sich darüber, daß Lübeck »hamburgische Güter, namentlich Kupfer von der Ostsee her, nicht durchpassiren lasse«. Das sei eine »unerhörte Neuerung«, die nur bezwecke, den Hamburgern den Verkehr mit der Ostsee abzuschneiden.
Der Hamburger Rat reagierte postwendend und ließ die Lübecker Kollegen wissen, daß man nicht nur in Hamburg sehr ungehalten sei über »diese ungewöhnliche und neuwe angefangene Hemmung der Commercien«. Er drohte sogar an, gegen die Lübecker Kaufleute, die von der Nordsee her mit ihren Gütern Hamburg ansteuerten, in gleicher Weise zu verfahren.
Was hatte die Lübecker bewogen, den Handel im Hafen so drastisch zu dirigieren und alle Welt damit vor den Kopf zu stoßen? Befürchtungen waren schon seit geraumer Zeit im Kreise der Kollegien geäußert worden, daß Lübeck zu einem bloßen Transithafen herabsinken könnte, wenn es nicht gelänge, dem Eigenhandel wieder mehr Bedeutung zukommen zu lassen. Im Ostseehandel hatte man durch die wachsende Konkurrenz der Hamburger und Holländer schon so manche Geschäftseinbußen hinnehmen müssen, der schwedisch-polnische Krieg hatte für zusätzliche Unruhe im Warenaustausch gesorgt, und schließlich stagnierte der einst so blühende Handel mit Rußland. Die Stadt, so formulierten es die Älterleute der Compagnien, könne es daher ferner nicht dulden, daß sich andere auf ihre Kosten bereicherten und den Lübecker Hafen dazu nutzten, um dort ihre lukrativen Geschäfte abzuwickeln.
Der Rat teilte die Sorge der Kaufleute und erließ ein Durchfuhrverbot für alle Waren, die auswärts gekauft und über die Ostsee nach Lübeck verschifft worden waren. Nur Lübecker sollten diese Ware kaufen dürfen und ihrerseits nach Belieben weiterveräußern. Der Gästehandel war damit untersagt.
Die Hamburger Kaufleute Peter Moller und Claus Grube gehörten mit zu den ersten, die von diesem Edikt betroffen wurden. Früher, so beklagten sie sich, hätten sie immer Lachs aus Pommern, Dänemark und von Rügen unbeanstandet über Lübeck nach Hamburg transportieren können. Jetzt werde der Fisch schlichtweg konfisziert. Auf eine offizielle Hamburger Beschwerde hin entgegnete der Lübecker Rat, die Hamburger Kaufleute wollten mit den Ostseelachsen doch nur die Leute betrügen, indem sie sie als Elblachs verkauften. Im übrigen

würden sie nur »dasjenige von unserer Stadt hinweg holen, welches zuvor anhero zum Markt gebracht worden ist«.

Bald auch beklagten sich Nürnberger Kaufleute, daß sie polnisches Blei aus Danzig nicht nur nicht mehr zollfrei, sondern überhaupt nur noch dann weiterveräußern könnten, wenn sie es vordem an Lübecker Bürger verkauft und von ihnen dann wieder erworben hätten. Lübecks Rat belehrte die Nürnberger daraufhin, daß Zollfreiheit nur für die Waren gelte, die sie in Lübeck gekauft hätten. Für alle anderen Güter bestünde der Niederlagezwang.

Ausdrücklich wurde dies in der revidierten Kaufmannsordnung vom 28. August 1607 aufs neue bekräftigt. Den heimischen Bürgern wurde obendrein untersagt, mit fremdem Gelde Handel zu treiben.

Inzwischen hatten sich die Klagen über das Lübecker Durchfuhrverbot allenthalben gemehrt. Aus Dänemark und Schweden wurde Protest angemeldet, Jülich, Köln und Braunschweig, Hessen und die Pfalz bekundeten ihren Unmut über die Handelsbeschränkungen. Die Lübecker Kaufleute und mit ihnen der Rat wehrten die Proteste ab. Die Stadt sei auf die auch in früheren Zeiten schon geübte Praxis der Niederlage angewiesen. Nur so überhaupt habe man sich wirtschaftlich entfalten können. Bei freier Durchfuhr würde den Lübeckern nicht einmal mehr der 20. Teil des Handels verbleiben.

Der Rat räumte zwar ein, »daß diese Ordnung und Statuten etwas wider den Gebrauch der freyen Commertien laufen, so an andern Örtern sein mögten«, doch herrschten in Lübeck nun einmal andere Verhältnisse. Die Stadt liege nicht am großen Strom, sondern an der Ecke eines Meeres und sei vornehmlich »auf die Handlung der Ostsee tendiret«.

Diese Handlung aber sei in den vergangenen Jahrzehnten »sehr gefallen und mehrentheils dahin«. Die Geschäfte mit Dänemark und Schweden liefen schlecht, während die »Commertia Hamburgs sich also geendert und verbessert, dass dieselbige ein Zeitlang hero viel weitlauftiger und grosser geworden, als sie vor 30 Jahren und mehr gewesen«.

Lübeck gönne Hamburg ja gern den wirtschaftlichen Aufschwung, müsse aber doch bemerken, daß der Handel dort zum ganz überwiegenden Teil von Fremden ausgeübt werde, von Niederländern, Italienern, Franzosen, Portugiesen und Engländern. Hamburg könne daher gar nicht anders, als diesen Fremdhändlern die freie Durchfuhr zu gestatten. Dennoch würden schließlich auch dort gewisse Waren nur dem Handel der eigenen Bürger vorbehalten, wie Korn, Wachs und Salz zum Beispiel.

Hamburg möge den Lübeckern ihren Handel gönnen. Sie wollten Kaufleute bleiben und nicht nur »Schipper, Faktoren und Gastgeber«.

Im Januar des Jahres 1610 traf eine Lübecker Abordnung unter Führung von Bürgermeister Brokes in Mölln mit Vertretern des Hamburger Rats zusammen, um zu einem gütlichen Einvernehmen über das strittige Durchfuhrverbot zu

Wappenschilde Lübecker Kaufmanns-Compagnien: (v. l.) die Schilde der Bergen-, Nowgorod- und Flandernfahrer.

kommen. Doch die Stimmung blieb von Anfang an gereizt. Kaum hatten die Lübecker ihren Standpunkt noch einmal dargelegt, als die Hamburger im gleichen Atemzug erwiderten, sie seien nicht zum Disputieren nach Mölln gekommen, sondern um handfeste Ergebnisse mit nach Hause zu nehmen. Im übrigen, so hoben sie hervor, gäbe die Ostsee »stattliche Handlung« für alle, und Lübeck dürfe sich schließlich nicht als Alleinherrscher auf dem Meere fühlen.

Um es nicht zu einem abrupten Ende der Tagung kommen zu lassen, legten die Lübecker am Schluß einen Vier-Punkte-Katalog vor, mit dem sie die Hamburger versöhnlich zu stimmen hofften.

1. Allen Hamburgern solle die freie Einfuhr der Güter, die nicht »in und an der Ostsee gefallen«, sondern aus der »Westsee« in die Ostsee gebracht würden, erlaubt sein.
2. Ebenso solle die freie Ab- und Durchfuhr aller Waren, die Hamburg von Lübeck aus seewärts nach Osten oder Westen verschiffen wolle, gestattet sein.

3. Grünes Licht auch für die freie Durchfuhr aller zu Wagen angebrachten Güter.

4. Freie Durchfuhr schließlich auch für einige ganz bestimmte aus der Ostsee kommende Waren, wie zum Beispiel ungarisches Kupfer, Königsberger und Danziger Hopfen, Danziger Kisten und Met aus Litauen.

Die generelle Durchfuhr der seewärts in Lübeck eingehenden Waren aus der Ostsee aber solle nach wie vor untersagt sein. Bürgermeister Brokes erklärte dies Verbot noch einmal damit, daß man den Eigenhandel Lübecks vor dem ausufernden Fremdhandel schützen wolle. Während Lübeck nur Schaden von sich abwenden wolle, sei Hamburg darauf bedacht, mit allen Mitteln Profit zu machen. Lübeck ziele nicht auf den Erwerb von Reichtum, sondern auf die Bewahrung der Stadt. Werde Hamburg zu Gegenmitteln greifen und den Lübeckern die Durchfuhr auf der Elbe verbieten, werde die Stadt schon Mittel und Wege finden, dies zu unterbinden.

Ohne Ergebnis trennte man sich in Mölln. Die Hamburger hatten Lübecks Vorschläge zwar zur Kenntnis genommen, sich aber nicht weiter dazu geäußert, zumal ihre Forderung nach grundsätzlich freier Durchfuhr abermals abgewiesen worden war.

Bald darauf versuchten sie nun ihrerseits, den Lübeckern ein Bein zu stellen. Im Frühjahr 1613 untersagten sie Lübecker Kaufleuten die Durchfuhr von Mühlensteinen und Laken im Hamburger Hafen. Wenn sie auf eine Beschwerde des Lübecker Rats schließlich dennoch klein beigaben, so dies »in der Erwartung, daß auch Lübeck die Durchfuhr hamburgischer Güter fortan gestatten« werde. Sonst werde Hamburg die Warendurchfuhr der Lübecker ein für allemal sperren.

Die Lübecker Kaufleute reagierten gelassen, wußten sie doch, daß die Hamburger auf den Travehafen angewiesen waren, wenn sie im Ostseegeschäft etwas bestellen wollten. Ungehalten aber zeigte sich der Rat dennoch, als er erfuhr, daß Hamburg heimlich eine Klage beim Reichskammergericht gegen das Durchfuhrverbot angestrengt hatte. Wie denn so etwas nur möglich sei, beklagte sich der Rat. Den Hamburgern sollte doch vielmehr an der »Wohlfahrt, Freundschaft und an gutem Willen ihrer benachbarten Stadt gelegen sein, als allein dahin zu trachten, wie man alles an sich bringen, auch von Tag zu Tag reicher und größer werden möge«. Hamburg habe durch die Aufnahme zahlreicher fremder Nationen zum Schaden der hansischen Privilegien und des Heiligen Römischen Reiches Wohlfahrt »fast mehr Schiffarth, Commercien und Nahrung an sich gezogen, als bei allen nur mehr neun in der Hanse alliierten Städten noch übrig«. Jetzt sei wirklich nicht die Zeit, »sich so nach Seel und Hertzen zu trachten«.

Die Lübecker hielten dem Hamburger Rat dabei zugute, »daß er wohl auch nicht

von sich aus, sondern auf das Ansinnen eigennütziger Leute« gehandelt habe, indem er die Stadt vor Gericht angeschwärzt habe. Man möge doch erwägen, die Sache zurückzustellen und lieber danach zu trachten, »wie das band der liebe und treuwe, so zwischen uns als Verbündete billig sein sollte, durch erweisung aller gunst und freundschaft vielmehr verknüpft und verbunden, als durch dergleichen Verfolgung zerrissen werden möge«.
Hamburg könne auch ohne die erstrebte freie Durchfuhr auskommen, Lübeck aber sei auf den Stapel unbedingt angewiesen.
Die Hamburger aber ließen sich von den sanften Klängen aus Lübeck nicht becircen. Freundschaft, so schrieben sie zurück, sei gut und schön, aber die Friedensliebe dürfe sich schließlich nicht so weit erstrecken, daß man die Schädigung seiner Bürger weiterhin dulden könne. Und was den Vorwurf des Fremdhandels in Hamburg angehe, so sei dieser wohl mehr »aus unmuth und privat affecten als aus genuegsamer erwegung der Sachen herausgeflossen«. Daß die Aufnahme von Fremden nicht zu tadeln sei, bezeuge das Beispiel aller vornehmen Kaufmannsstädte der Welt. Wenn Lübeck dabei bisher »übersehen« worden sei, so sei das nicht Hamburgs Schuld.
Nun schlug auch Lübeck wieder härtere Töne an: Wenn die Hamburger in ihrem unfreundlichen Verhalten weiter so fortführen, so sei dies gefährlicher als »offener Krieg und Belagerung«. Hamburg nahm den Fehdehandschuh auf und erwirkte am 19. Januar 1622 ein Mandat beim Reichskammergericht, das die Sperrung der Durchfuhr in Lübeck als grobes Unrecht bezeichnete. Die Stadt wurde aufgefordert, diese »Neuerung« sofort aufzuheben.
Lübeck erhob Einspruch gegen diese Entscheidung. Man halte sich seit alters her an Reichsbescheide, Hanserezesse und städtische Ordnungen, die ein Durchfuhrverbot durchaus begründeten. Im übrigen habe Hamburg früher überhaupt keinen Ostseehandel getrieben, während die Lübecker hier oft »in blutigen Kriegen ihre freye Commercia« hätten erstreiten müssen. Die Hamburger hätten ihnen dabei niemals »die geringste assistentz und hülfe geleistet«.
Und schließlich legten die Lübecker offiziellen Protest dagegen ein, daß Hamburg die Sache vor das Reichskammergericht gebracht habe. Streitigkeiten unter Hansestädten gehörten vor ein hansestädtisches Schiedsgericht.
Jetzt war Hamburg wieder an der Reihe. Es sei doch absurd von den Lübeckern, zu behaupten, man habe früher keinen Handel in der Ostsee getrieben. Und wie oft man in kriegerischen Auseinandersetzungen Seite an Seite gekämpft. Allerdings habe Hamburg »nicht allerwege nach dero von Lübeck Pfeife dantzen und sich in allen Kriegen, so sie ihres eigenen Nutzens halber ganz unnothwendig erhoben, einflechten wollen«. Lübeck habe schon gar nicht das Recht, eigenmächtige Statuten aufzustellen, durch die die Rechte anderer Städte beschnitten würden. Solche Bauerntricks, so etwa drückten es die Hamburger aus, zögen bei ihnen nicht.

Zwei Jahre später wurde der Einspruch Lübecks vom Reichskammergericht zurückgewiesen. Doch die lübschen Kaufleute blieben eisern. Sie legten Revision ein. Eine Zeitlang wurde weiter prozessiert, dann versandete die Sache schließlich in den Wirren des 30jährigen Krieges.
Als die Handelsstraße durch den Sund in den Jahren 1658/59 verschlossen blieb, sah es Lübecks Rat für klüglich an, das Durchfuhrverbot ein wenig lockerer zu handhaben. Gleich aber meldeten die Schonenfahrer wieder ihre Bedenken an. Und abermals richtete sich der Zorn gegen die Hamburger. Sie hätten nicht nur Wachs und Kupfer durchgeführt, was leider schon früher erlaubt worden sei, sondern nun auch noch Eisen und Felle. Die Hamburger hegten eben nur die Absicht, den »Ostseeschen Handel in totum an sich zu bringen«. Der Rat beugte sich dem Einspruch der Schonenfahrer und stoppte zumindest die Durchfuhr von Eisen.

Frachten gingen an Lübeck vorbei

In den Reihen der anderen Compagnien aber kam allmählich Unmut auf. Im Gegensatz zu den Schonenfahrern waren es abermals die Mitglieder der Kaufleute-Compagnie, die auf eine großzügigere Abwicklung des Handels bedacht waren. Man laufe Gefahr, so gaben sie zu bedenken, daß Lübecks Handelspartner auf die Dauer vom Durchfuhrverbot verprellt und den Hafen zukünftig ganz meiden würden.
Ein Argument mehr dafür vermochten sie im Jahre 1680 aufzubieten. Die Durchfuhr von Eisen hatte in diesem Jahr aufgrund verschärfter Bestimmungen nur mehr 13 926 Schiffspfund betragen. Sieben Jahre zuvor waren es noch 40 250 Pfund gewesen. In den folgenden Jahren hatte sich die Zahl der Direktfahrten von Stockholm, Reval und Riga nach Hamburg zunehmend erhöht. Eisen, Kupfer, Draht und Teer gingen weitgehend am Lübecker Hafen vorbei; Grund genug, sich im Rathaus ernsthafte Gedanken über Lübecks wirtschaftliche Zukunft zu machen. Nach langen Debatten kam man überein, »den Zünften vorzutragen, daß vieler bedenklicher Ursachen halber wohl bey diesen Zeiten nicht undienlich zu seyn scheine, die freye Durchfuhr generaliter zu verstatten«.
Doch da hatte der Rat wiederum die Rechnung ohne die Schonenfahrer gemacht. Sie pochten auf die alte Ordnung und waren gegen eine jede Aufweichung des Durchfuhrverbots. Anders dagegen die Älterleute der »Spanischen Kollekten«. Sie gaben dem Rat gegenüber der Besorgnis Ausdruck, daß die Hinderung der Durchfuhr von Eisen, Teer und Pech nicht nur in Hamburg, sondern auch in Schweden, Holland und England »viel Ungelegenheit, Neid und Missgunst verursacht und zu mercklichem Schaden des hiesigen Commercii

geführt hat«. Immer mehr fremde Schiffe ließen Lübeck links liegen und wählten lieber den Weg durch den Sund.
Gegen den Widerspruch der Schonenfahrer ließ der Rat am 22. Juni 1681 einen Versuchsballon aufsteigen. Probeweise sollte die Durchfuhr von Eisen, Teer, Hanf und Kupfer für die Dauer von zwei Jahren frei sein.
Das würde den »gentzlichen ruin« der Stadt bedeuten, klagten die Schonenfahrer, und auch die Bergen- und Rigafahrer teilten ihre Meinung. Lübeck sei drauf und dran, aus seinem einst so »berumbten Emporio« einen Durchschleifer-Platz und ein Packhaus zu machen.
Schon bald denn auch drehte der Rat den Spieß wieder um. Das Durchfuhrverbot wurde erneuert und verschärft. Am 17. Juni 1712 ließ der Rat die Kaufleute wissen: Da dem Mißbrauch der Durchfuhr nicht mehr nachgesehen werden könne, müsse jeder, der noch fremde, aus der Ostsee kommende Ware lagern habe, sie bis Ende August in Lübeck verkaufen. Alles fremde Eisen, das nicht Bürgergut sei, solle dann »an der Mauer bey der Trave nicht toleriret, sondern daselbst weggeschaffet und in Packräume gelegt werden«.
Und abermals hagelte es von allen Seiten Proteste gegen die neuerliche Drangsalierung des Handels. Scharf rügte der König von Preußen am 3. Dezember 1716 in einem Schreiben an den Lübecker Rat das Vorgehen der Lübecker, die seinen Untertanen immer wieder Hindernisse im freien Handel in den Weg legten. Niemand könne es ihm daher verdenken, daß er seine Kaufleute nicht länger »Euren ungerechten attentatis exponieren« wolle.
Der König drohte, er werde schon Mittel finden, »um Euch durch zulänglichere Wege zu besseren Gedanken zu bringen«. Es sei geradezu unerhört, daß man die Fremden in Lübeck nötige, ihre Waren an dortige Bürger mit großem Verlust zu verkaufen.
Lübeck beschwerte sich beim Kaiser über das »sehr harte und bedrohentliche« Schreiben des Königs. Dennoch blieb die preußische Drohung nicht ohne Wirkung. In den Kollegien waren die Ansichten geteilt, wie man in diesem Falle verfahren solle. Der Rat entsprach schließlich der Empfehlung der Kaufleute-Compagnie, die Durchfuhr preußischer Güter zu erlauben. Nur, wenn man es Preußen erlaube, so fügte die Compagnie hinzu, dürfe man es auch den anderen nicht verweigern. Die Kaufleute-Compagnie sei ja von eh und je schon für die freie Durchfuhr gewesen. In diesem Punkt widersprach der Rat jedoch den Kaufleuten. Die Kulanz, die man Preußen gegenüber walten lasse, solle nicht als Präjudiz für andere verstanden werden, zumal beim Reichskammergericht in dieser Sache noch ein schwebendes Revisionsverfahren anhängig sei.
Zu einer harten Konfrontation sollte es schließlich auch noch mit Herzog August Wilhelm von Braunschweig-Wolfenbüttel kommen. Mit vehementen Worten hatte sich der Herzog im Dezember 1725 für den Braunschweiger Kaufmann Brandes eingesetzt, dem die Lübecker die Durchfuhr von Leinsaat und Rauch-

leder aus Riga verweigert hatten. Der Rat beugte sich zwar der Beschwerde des Herzogs, versagte dem Braunschweiger Kaufmann beim nächsten Mal aber erneut die Durchfuhr von Leinsaat. Vergebens versuchte Brandes darzulegen, daß er die Leinsaat deshalb in Riga statt wie früher in Lübeck gekauft habe, weil die livländische Saat qualitativ besser sei. Was hülfe es ihm denn, die Ware in Lübeck zu kaufen, wenn der Landmann sie ihm nicht abnähme.

Doch dieses Mal blieb der Rat hart. Daraufhin drohte der Herzog Repressalien gegen Lübecker Kaufleute in Braunschweig an. Der Rat setzte sich mit den Kollegien zusammen und beratschlagte, was zu tun sei. Es sei nicht gut, so meldeten sich die Vertreter der Krämer-Compagnie dabei nachhaltig zu Wort, »aller umgräntzenden hohen Herren und Potentaten Ungnade wegen der hiesigen Durchfuhr auf diese gute Stadt zu laden«. Bis auf die Schonenfahrer stimmten alle übrigen Kollegien dieser Ansicht zu. Das Braunschweiger Gesuch wurde genehmigt. Gleichzeitig ließ der Rat jedoch durchblicken, daß er weitere Ausnahmen nicht mehr zulassen werde.

Im April 1727 jedoch wurde für Kaufmann Brandes erneut um freie Durchfuhr nachgesucht. Und als aus Lübeck keine spontane Antwort kam, verfügte August-Wilhelm den Arrest aller Lübecker Güter in seinem Herzogtum. Es half auch nichts, daß Lübeck sich nun mit der Antwort beeilte und die Durchfuhr genehmigte. Der Herzog ließ den Arrest bestehen, verlangte Schadensersatz für Kaufmann Brandes und forderte Auskunft von den Lübeckern, wie sie es nun in Zukunft mit der freien Durchfuhr halten wollten.

Fortan, so ließen die Lübecker den Herzog wissen, könnte Kaufmann Brandes getrost seine Leinsaat aus Riga holen und im Lübecker Hafen in Richtung Braunschweig umladen. Damit war es der Herzog denn auch zufrieden. Er hob den Arrest auf.

Im gleichen Atemzug sozusagen hob der Lübecker Rat das Durchfuhrverbot generell auf. Es wurde lediglich für den Fall aufrechterhalten, daß bestimmte Waren aus anderen Ostseehäfen per Schiff nach Lübeck transportiert würden und von hier aus nach dritten Ostseehäfen weiter verschifft werden sollten. Dies galt vor allem für solche Waren, mit denen Lübeck einen erheblichen Eigenhandel betrieb, wie Getreide und Hopfen zum Beispiel.

Das leidige Thema des Durchfuhrverbots war damit seit 1728 endgültig vom Tisch. Inzwischen jedoch hatten sich ganz andere Probleme aufgetürmt, die einer dringenden Lösung bedurften. Die Stadt war wieder einmal in großer Geldnot und war auf den Rat der Kaufleute angewiesen, um einen Weg zu finden, der aus der Finanzmisere herausführen könnte.

Sturm auf die Landgüter

Bürger erzwingen Mitverwaltung der städtischen Finanzen

Am 11. Dezember 1661 berief der Rat die Alterleute sämtlicher Kollegien auf die große »Commissions-Stube der Kanzlei« und legte ihnen eine Denkschrift vor, die sich mit der hoffnungslosen Verschuldung der Stadt beschäftigte und gleichzeitig Vorschläge enthielt, wie man dem drohenden Staatsbankrott entgehen könne. Der Dreißigjährige Krieg mit seinen Folgen lastete wirtschaftlich noch schwer auf der Stadt. Allein an der Kriegsentschädigung Schwedens hatte sie sich mit 42 700 Talern beteiligen und dazu große Summen in die Befestigungsanlagen stecken müssen.

Der Rat war dabei zu der Ansicht gekommen, daß man die Gebühren und Steuern erhöhen müsse, wenn man aus den roten Zahlen herauskommen wolle. Während die Kaufleute-Compagnie dieser Meinung mit gewissen Vorbehalten zustimmte, sprachen sich die übrigen commercierenden Zünfte scharf dagegen aus. In diesen »nahrloßen« Zeiten sei eine Belastung der Bürger mit zusätzlichen Steuern nicht zumutbar. Sie schlugen dem Rat ihrerseits vor, eine allgemeine Kasse einzurichten, »in welche alle Einnahmen dießer Stadt fliessen, hingegen auch die Außgaben genommen« werden sollten. »Getreuen und fleißigen Bürgern« sollte dabei die »Administration« in Einnahmen und Ausgaben übertragen werden. Die Beispiele der Städte Hamburg und Stralsund bewiesen, daß eine bürgerliche Verwaltung der Kasse die Städte nicht nur von ihren Schulden zu befreien vermöge, sondern den öffentlichen Finanzen sogar zum Aufschwung verholfen habe.

Hinter der Forderung der Kaufleute stand vor allem der Wunsch, Einblick in die städtischen Finanzverhältnisse zu gewinnen. Hinter vorgehaltener Hand nämlich wurde gemunkelt, daß die Schuldenlast der Stadt noch entschieden höher sei, als der Rat sie andeutungsweise skizziert hatte.

Der Rat dachte jedoch nicht daran, den Wünschen der Kaufleute zu entsprechen und sich von ihnen in die Karten gucken zu lassen. Gegen ihren Widerspruch wurde die erste Steuererhöhung in Kraft gesetzt – sie traf die Rotbrauer. Die ihnen abverlangte Malzakzise wurde an den Satz der Weißbrauer von 12,5 Schilling angeglichen. Die Kollegien mit Ausnahme der Kaufleute-Compagnie protestierten am 29. April 1662 dagegen, daß der Rat nicht vorher ihre Zustimmung eingeholt habe.

Die Rotbrauer selbst beließen es nicht beim schriftlichen Protest, sondern stellten kurzerhand das Brauen ein. In der warmen Jahreszeit auf ein kühles Bier

verzichten zu müssen – das mochte der Rat nun weder sich noch seinen Bürgern antun. Am 30. Mai hob er die Erhöhung der Akzise wieder auf, und die Brauer begannen wieder zu brauen.
Eindringlich wies der Rat die Kollegien jedoch gleichzeitig darauf hin, daß die Verbindung mehrerer Zünfte zu gemeinsamem Handeln rechtswidrig sei. Im übrigen hätten sie nicht das Recht, eine allgemeine Kasse vorzuschlagen. Nach weiteren ergebnislosen Verhandlungen verpflichteten die Kaufleute schließlich den am Niedergericht tätigen Prokurator Johannes Conradi für ein jährliches „zeit seines Lebens continuirlicheß salarium“ dazu, »daß derselbe anitzo und künfftig Ihnen in solchen Sachen beratend und als Anwalt« beistehen solle.
Johannes Conradi griff sogleich zur Feder und setzte eine umfangreiche Schrift auf, die die Kollegien dem Rat am 3. Juli 1663 überreichten. Darin begründete der Jurist nicht nur den Anspruch der Bürger, zur Verbesserung der städtischen Finanzen eine allgemeine Kasse zu fordern, er führte zum Schluß des Schreibens noch weitere 17 Beschwerdepunkte an, in denen sich der Unmut der Bürger über die Staatsführung artikulierte.
Es wurde Klage darüber geführt, daß manche Gerichtsurteile zu lange auf sich warten ließen, daß Stadtbesitz ohne Zustimmung der Bürger verkauft würde, daß der Rat die Schuldenlast vermehre, daß die Manufakturen besonders mit Steuern belastet würden, daß die Landbegüterten und die Zirkelbrüder nicht mehr den Bürgereid leisteten, selbstgebrautes Bier verkauften und sich, besonders ihre Frauen, »mit Pracht hervortäten«.
Rückendeckung erhielten die Kollegien dabei von den Rotbrauern, die wegen der dauernden Steuererhöhungen schlecht auf den Rat zu sprechen waren. Seit dem Mittelalter stellten die Brauer den stärksten Gewerbezweig der Stadt dar, und da die Bierakzise eine der einträglichsten Steuern der Stadt war, erschien es dem Rat am nächstliegenden, sie zu erhöhen, wenn wieder mal ein Loch im Stadtsäckel zu stopfen war. Sauer waren die Brauer obendrein auf den Rat, weil er sie ihrer Ansicht nach nicht genügend in ihrer Forderung unterstützt hatte, den einflußreichen Landbegüterten das Selbstbrauen zu verbieten. Eine entsprechende Klage der Rotbrauer war schon 1654 vom Reichshofrat abgewiesen worden.
Und schließlich war der Unmut in ihren Reihen darüber gewachsen, daß die Lübecker offensichtlich immer weniger Gefallen am Bier fanden. 1628 – mitten im Dreißigjährigen Krieg – hatten sie noch 138 966 Tonnen umsetzen können, jetzt, 35 Jahre später, waren es nur noch 68 135 Tonnen.
Die Lage wurde zunehmend gespannter. Als die Kollegien am 5. Februar 1664 verlangten, daß außer der Schaffung einer Stadtkasse jedes Ratsoffizium bürgerliche Beisitzer erhalten müsse, entschied der Rat, daß darüber der Kaiser gehört werden müsse. Für diese Mission wurde der Ratsherr Dietrich von Brömbsen ausersehen, der schon in früheren brenzligen Situationen sein Verhandlungsge-

Zur Besiegelung ihrer Schreiben und Verträge hatten die einzelnen Compagnien eigene Stempel, auch Petschaften genannt (rechts im Bild). Links daneben eiserne Schlagstempel, wie sie ähnlich zur Kennzeichnung von Waren verwendet wurden.

schick bewiesen hatte. Der Rat gab ihm mit auf den Weg, »ein starkes Kayserliches Strafmandat an die vereinigten Zünfte zu erwirken«. Unter dem Vorwand, auf seinem Gut in Klein Steinrade eine Krankheit kurieren zu wollen, reiste Dietrich von Brömbsen nach Regensburg ab, wo der Kaiser derzeit hofhielt.
Der wahre Grund seiner Reise wurde dennoch schnell bekannt. Die Kaufleute versuchten daraufhin, weitere Verbündete zu gewinnen. Sie appellierten an die Schiffergesellschaft und die vier großen Handwerks-Ämter, mit ihnen gemeinsame Sache zu machen und auf der Einrichtung einer allgemeinen Kasse zu bestehen. Dies käme schließlich jedem zugute.
Die Handwerker zögerten und trauten dem Frieden anfangs nicht so recht. Erst nachdem ihnen von den Kaufleuten zugesichert worden war, daß sie sich ihrerseits dafür verwenden wollten, ihren Forderungen vor dem Rat Nachdruck zu verleihen, wurde am 16. April 1664 eine gemeinsame »Einigungs- und Schadtloßhaltungsschrift« unterzeichnet. Darin sagten die Kaufleute den Handwerkern zu, aus den vier großen Ämtern je einen oder zwei Vertreter zur

Verwaltung der Kasse hinzuzuziehen. Außerdem wollten sie sie im Kampf gegen das Bönhasen-Unwesen unterstützen.
Als Bönhasen wurden nicht nur die unzünftigen Handwerker innerhalb der Stadtmauer, sondern auch jene innerhalb der sogenannten Bannmeile bezeichnet. Hier, bis zu zwei Meilen weit von der Stadtgrenze entfernt, hatten sie sich immer zahlreicher niedergelassen und den zünftigen Handwerkern in der Stadt selbst verstärkt Konkurrenz gemacht.

Bürger pochen auf ihr Recht

Inzwischen hatte von Brömbsen in Wien ein kaiserliches Mandat erwirkt, das sich fast wörtlich mit den Formulierungen des Rates deckte. Die Kollegien nahmen es gelassen zur Kenntnis und reichten ihrerseits eine 78 Seiten umfassende Verteidigungsschrift beim Reichshofrat ein. Die Einrichtung einer bürgerlichen Kasse, so wurde darin hervorgehoben, sei eigentlich gar nichts Neues für Lübeck, sondern entspräche »Uhraltem Herkommen«. Sie sei bereits im Jahre 1406 vom Rat vorgeschlagen worden. 130 Jahre später habe eine solche Kasse auch tatsächlich schon bestanden.
So ging es denn eine Zeitlang weiter, ohne daß Entscheidendes geschah. Der Kaiser erneuerte seine Mahnung, die Bürger pochten auf ihr Recht. Schließlich ließ Dietrich vom Brömbsen den Rat wissen, daß der Kaiser beabsichtige, im Falle fortgesetzten Ungehorsams der Bürger eine Kommission zu entsenden.
Daran war dem Rat nun allerdings gar nicht gelegen. Er befürchtete weitere Unruhen, wenn sich nun auch noch eine kaiserliche Kommission vor Ort in die inneren Angelegenheiten einmischen würde, und ersuchte von Brömbsen daher, bis auf weiteres »in Ruhe zu stehen«.
Am 13. Dezember 1664 hatte sich der Rat auf das hartnäckige Drängen der Bürger hin schließlich doch dazu durchgerungen, eine allgemeine Kasse einzurichten, an deren Verwaltung sich die Kollegien und Zünfte beteiligen sollten. Dabei strebte der Rat eine Teilung der städtischen Finanzen an. Zwei Kassen sollten nebeneinander bestehen. Zum einen die Regimentskasse an der Kämmerei, die die seit jeher vom Rat eingezogenen Steuern und sonstigen Abgaben verwalten und zur Besoldung der städtischen Bediensteten dienen solle, und zum anderen die »gemeine Casse« zur Schuldentilgung, die von Rat und Bürgern verwaltet, aber unter der »Direction« des Rates stehen sollte. Die Bürger zeigten sich im Grundsatz erfreut über das Einlenken des Rats, hatten im einzelnen jedoch noch vielerlei Einwände gegen den Plan vorzutragen.
Doch auf noch weitere Zugeständnisse wollte sich der Rat zu diesem Zeitpunkt nicht einlassen. Diese Haltung vertraten vor allem die Landbegüterten und

Zirkelbrüder, die im Rat ein gewichtiges Wort führten und ihre Stimme bereits gegen die Einführung einer allgemeinen Kasse erhoben hatten. Zu ihnen gehörten Gotthard von Höveln, Grundherr auf Moisling und Niendorf, Hermann von Dorne auf Trenthorst, Dietrich von Brömbsen auf Klein Steinrade, Gotthard von Brömbsen auf Krummesse, Kronsforde und Niemark und Gottschalk von Wickede auf Kastorf. Ihnen galt denn auch der besondere Unmut der Bürger. Bereits am 1. Juli 1663 hatten die Kaufleute den Landbegüterten in einer Beschwerdeschrift nicht nur das eigenmächtige Brauen und die Beschäftigung von unzünftigen Handwerkern vorgeworfen, sondern auch ihr Auftreten schlechthin kritisiert, das sich immer mehr von bürgerlicher Sitte abgehoben und den Allüren des Adels angepaßt habe.

Als schimpflich empfanden es die Kaufleute darüber hinaus, daß sich sämtliche Zirkelbrüder vom Kaiser ein Adelspatent hatten ausstellen lassen, daß schließlich viele Junker ungeachtet der mißlichen Wirtschaftslage in ihrer Kleidung und ihrem Auftreten einen für bürgerliche Maßstäbe übertriebenen Luxus entfalteten und darüber vergaßen, daß sie selbst von bürgerlichen Geschlechtern abstammten.

Im Jahre 1665 waren es die Handwerker und Rotbrauer schließlich leid, stets nur proklamatorisch darauf zu pochen, daß den Bönhasen und Schwarzbrauern vor den Toren Lübecks endlich das Handwerk gelegt werde. Und sie fanden sich darin von den Kollegien bestätigt. Am 17. März erschienen die Älterleute der zehn vereinigten Zünfte und Kollegien bei Bürgermeister von Dorne und überreichten ihm eine Supplik mit der Forderung, »wider die Halßstarrige endlich die Exekution anzuordnen«. Sonst sähe man sich genötigt, selbst zur Tat zu schreiten, wozu sie durch Gesetz und Verordnung durchaus legitimiert seien. Denn gegen »Pfuscher«, »Amtsstörer« und »Bönhasen« auf eigene Faust vorzugehen, sei ihnen von Rechts wegen nicht verwehrt.

Um es nicht zum Aufruhr kommen zu lassen, richtete der Rat am 18. März 1665 mit großer Mehrheit eine Aufforderung an die Landbegüterten, das Bierbrauen bis zu den bevorstehenden Osterfeiertagen endgültig einzustellen. Die Bönhasen sollten bis dahin ebenfalls ihre Arbeitsstellen verlassen.

Doch die Stimmung in Lübeck war zu sehr angeheizt, als daß jetzt noch ein Einlenken möglich gewesen wäre. Am Abend des 20. März zogen Bürgerkompanien mit fliegenden Fahnen auf und besetzten das Rathaus. Andere bezogen Posten auf der Wette und vor den Toren der Stadt. Am nächsten Morgen versammelten sich Hunderte von Menschen, vor allem Brauer und Handwerker, mit Waffen, Äxten und Beilen versehen, auf dem Wall vor dem Holstentor. Gemeinsam zogen sie hinaus auf die Güter in Moisling, Niendorf, Stockelsdorf und Mori und wüteten dort wie die Vandalen. In den Brauhäusern der Höfe zerschlugen sie Braupfannen, Tonnen und sonstige Gefäße. Wo immer sie Bier fanden, verschütteten sie es oder schleppten es fort. Sie zerstörten Webstühle

und anderes Handwerkszeug, ließen sich in den Häusern Truhen und Kammern öffnen und nahmen alles mit, was sie für Bönhasenarbeit hielten.
Die Inneneinrichtungen der Landhäuser wurden zertrümmert, die Bilder der verhaßten Gutsherren zerschnitten und zerstochen. »Wir haben wohl vor tausendt Reichstaler Schaden gethan«, so wollen die Mägde Dietrich von Brömbsens von den Lübecker Eindringlingen gehört haben, „er hatt unß zu thun gemacht, wir wollen Ihm wieder zu thun machen.« Auch noch nach Ostern wiederholten die Handwerker ihre »Visitation« auf den Landgütern. Diesmal waren Krummesse, Kronsforde, Kastorf und Rondeshagen an der Reihe.
Die Nachrichten von den Gewalttaten der Handwerker auf den Lübecker Gütern drangen bis nach Wien. Obwohl der Rat Dietrich von Brömbsen keinerlei Weisung gegeben und ihm auch auf seine dringlichen Bitten hin keine näheren Informationen über die Unruhen in Lübeck zugesandt hatte, packte von Brömbsen im Kreise ihm vertrauter Reichshofräte in Wien aus und schilderte die Vorfälle in Lübeck in den dunkelsten Farben. Sie seien nicht anders zu deuten als ein gewalttätiger Aufstand gegen den Rat. Der Kaiser beschloß daher auf Empfehlung der Reichshofräte, eine Kommission nach Lübeck zu entsenden, um den Querelen ein Ende zu machen.
Doch weder der Rat noch die Bürger waren über diese Mitteilung erbaut. Man wollte sich nicht gern von fremden Herrschaften etwas vorschreiben lassen. So rauften sich Rat und Bürgerschaft schließlich auf eigene Faust zusammen und ließen den Kurfürsten von Brandenburg wissen, der sich zur Übernahme der Kommission bereit erklärt hatte, daß man ihrer nicht mehr bedürfe.

Einigung über Kassa-Rezeß

Und auch über den Kassa-Rezeß hatte man sich geeinigt. Am 26. Juli 1665 trat die Verordnung in Kraft. Die neue Kasse sollte unter der »Direction« des Rats mit Gutachten und Bewilligung der Bürger eingerichtet werden. Für die Verwaltung der Kasse hatte der Rat aus den von den Kaufleuten und Handwerkern vorgeschlagenen Kandidaten 24 Deputierte auszuwählen. Je vier von ihnen sollten nach einem bestimmten Turnus wechselnd unter dem Vorsitz zweier Ratsherren amtieren.
Sämtliche Einkünfte der Stadt »nebenst allen des Rathes vorher gehabten Accidentien« sollten unmittelbar an die Kasse überwiesen werden, mit Ausnahme der Geldstrafen und -bußen der Gerichte und der Wette sowie einem Betrag von 15 000 Reichstalern, die der Rat aus dem Schoß (Vermögenssteuer) für seine »Personalkosten« verwenden durfte.

Ferner schrieb der Rezeß vor, daß jeder Bürger entsprechend seinem Vermögen Steuern zahlen solle. Die Bürger hatten sich nämlich mehrfach darüber beschwert, daß die Landbegüterten und Rentner weder den Schoß noch eine außerordentliche Vermögenssteuer entsprechend dem Wert ihres Besitzes entrichteten, sondern entschieden niedrigere Abgaben leisteten, so daß die Hauptlasten stets von den Kaufleuten, Bauern und Handwerkern hätten getragen werden müssen.

Mit der Verabschiedung des Kassa-Rezesses besaßen die Bürger nun die Möglichkeit, in finanziellen Angelegenheiten ein gewichtiges Wort mitzureden. Die Selbständigkeit des Rates bei der Führung der laufenden Regierungsgeschäfte war eingeschränkt, da er über größere Geldbeträge nicht mehr ohne die Zustimmung der Bürger verfügen konnte.

Vereinzelt hatte der Rat den Bürgern bereits in früheren Zeiten eine gewisse Mitbestimmung eingeräumt. So im Jahre 1539 zum Beispiel, als der Rat eine ständige Bierprobe eingerichtet hatte, um den Lübecker Gerstensaft damit laufend auf seine Qualität hin zu überprüfen. Dem Bierkollegium gehörten drei Brauer und drei Kaufleute an, die unter dem Vorsitz eines Ratsherrn die dankbare Aufgabe hatten, regelmäßig Bier zu verkosten.

Im Jahre 1601 einigten sich Rat und Kaufleute auf gemeinsame Abordnungen für die Wache auf den Befestigungsanlagen, es wurden sogar drei bürgerliche Ausschüsse für das Armenwesen gebildet, denen unter anderem das St.-Annen-Werkhaus und das Heiligen-Geist-Hospital unterstanden. 1629 wurde die Sklavenkasse gegründet, um in Sklaverei geratene Lübecker Schiffer freikaufen zu können. Sie stand unter der Aufsicht zweier Ratsherren und der Kaufleute- und Schiffer-Älterleute.

Alles dies aber waren Ausnahmen gewesen, die die generelle Kassenführung des Rats in keiner Weise berührt hatten. Das sollte nun alles anders werden. Nachdem der Rat die 24 Kassendeputierten Ende September 1665 vereidigt und sie zu strikter Geheimhaltung gegenüber anderen verpflichtet hatte, machten sie sich mit Eifer an die Arbeit. Und schon bald fuhr ihnen der Schreck in die Glieder. Nach Prüfung aller Unterlagen mußten sie feststellen, daß die Stadt mit 5 215 416 Mark verschuldet war, eine für damalige Zeiten ungeheure Summe.

Anderthalb Jahrzehnte lang gelang es der Stadtkasse noch, die Zahlung der Zinsen aufrechtzuerhalten, ab 1680 war auch dies nicht mehr möglich. Der Kredit der Stadt war erschöpft, die Kündigungen häuften sich, und Geld für neue Anleihen wollte keiner geben. Eine allmähliche Besserung der Finanzlage trat erst im 18. Jahrhundert ein, als sich der Handel nach einer längeren Friedensperiode wieder etwas erholt hatte. Und auch mit den hohen Abgaben an das Reich sollte es fürs erste sein Bewenden haben. Denn nicht nur die Türkenkriege, sondern auch die kaiserlichen Feldzüge nach Frankreich 1674 und 1698 hatten der Stadt schwere finanzielle Opfer auferlegt.

Tumult vor dem Rathaus

Bürgerliche Verfassung von 1669 durchgesetzt

Der Kassa-Rezeß war unterzeichnet, doch Ruhe wollte dennoch nicht in Lübeck einkehren. Zwei Tage nach der Besiegelung des Vertrags protestierten die Landbegüterten Dietrich von Brömbsen und Gotthard von Höveln scharf gegen Artikel acht dieser Vereinbarung, wonach die zur Behebung von Mißständen »ergangene execution in und außerhalb der Landwehr forthin unweigerlich allemal gebührlich gestattet« sei. Die Gutsherren sahen darin eine Legalisierung nicht nur der bisherigen, sondern auch möglicher weiterer Gewaltakte.
Doch mit ihrer Protestschrift vermochten sie nur wenig auszurichten. Die meisten Ratsherren verließen demonstrativ das Rathaus, als das Schreiben verlesen werden sollte. Sie kehrten erst wieder zurück, nachdem sich der Fürsprecher der Landbegüterten, Bürgermeister von Höveln, in die Hörkammer zurückgezogen hatte, wie es die Ratsordnung vorsah, wenn die Sache persönliche Interessen berührte.
Scharf kritisierten sie anschließend das Verhalten von Hövelns. Auch ein Bürgermeister, so rief ein Ratsherr aus, müßte sich den Entscheidungen des Rats unterwerfen und dürfe nicht nachträglich dagegen protestieren. Zu Lärm und Tumulten kam es in der Sitzung, als Zirkelbruder Heinrich Kerkring die Landbegüterten mit den Worten in Schutz nahm, man könne nicht erwarten, daß sie die Exzesse so hinnähmen, als ob sie nur ein Hund gebissen habe. Mit der Mehrheit der Stimmen wurde die Protestschrift am Ende zurückgewiesen.
Nachdem sich die Übergriffe auf Lübecker Gutshöfe abermals gehäuft hatten, präsentierten die Brüder Hans, Heinrich und Dietrich von Brömbsen dem Rat am 11. Oktober 1665 ein kaiserliches Strafmandat, in dem er aufgefordert wurde, innerhalb von drei Monaten für Schadensersatz zu sorgen und künftige Gewalttaten zu verhindern. Man nahm das Papier zur Kenntnis und legte es zu den Akten. Wie so oft in vergangenen Zeiten war des Kaisers Wort eben nur Wort geblieben.
Die Landbegüterten sahen sich daher nach einem anderen Oberherrn um, der willens und fähig wäre, ihre Interessen nachhaltiger zu vertreten. Und sie fanden ihn in dem dänischen König und Herzog von Holstein. Im Oktober teilten sie dem Rat mit, daß die von den Übergriffen betroffenen Güter nunmehr auf dem Gebiet des dänischen Königs lägen und seiner Territorialherrschaft unterstünden. Im Falle des Falles würde nunmehr Gewalt mit Gewalt erwidert werden.
Auf Betreiben der Kaufleute blies der Rat zur Gegenattacke. Er verwehrte den

Sitzung des Lübecker Rats als Obergericht im Audienzsaal des Rathauses im Jahr 1625. Hinten links tagt der Rat im Ratsgestühl, im Vordergrund warten die Prozeßparteien.

Steinrader und Stockelsdorfer Bauern das Betreten der Stadt und ließ ihnen sagen, sie könnten ihre Waren bei ihrem neuen Herrn in Kopenhagen absetzen. Das wiederum war den Bauern nicht recht. Sie verweigerten schlichtweg die schuldigen Hofdienste. Als im Juli 1667 fünf aus Glückstadt georderte Soldaten als »Executores« gegen die aufsässigen Bauern vorgingen, griff der Lübecker

Rat ein, der dies als Verletzung seines Territoriums betrachtete. Er ließ die beiden Dörfer durch 60 Soldaten besetzen und Schlagbäume aufrichten.
Daraufhin setzte der dänische König 500 Soldaten in Marsch, die am 10. August in die beiden Dörfer eindrangen und die Lübecker vertrieben. Der Rat fügte sich und beließ es bei einer Klage vor dem Reichshofrat.
Nun sahen auch einige weitere Landbegüterte die Chance für gekommen, sich vor den Nachstellungen der Lübecker in Sicherheit zu bringen. Wie vor ihnen schon andere, stellten nun auch Johann Kerkring auf Dunkelsdorf, Heinrich Lüneburg auf Eckhorst und Thomas Wetken auf Trenthorst ihre Güter unter dänischen Schutz. Und fortan konnten sie auch ungestört wieder brauen. Denn nicht nur der dänische König, sondern auch ein Reichshofratsbescheid gestattete ausdrücklich den Ausschank von Bier »zu des Reisenden Mans behuef«. Zu den »Reisenden« gehörten nicht eben wenige Lübecker Handwerksgesellen, die gern aufs Land wanderten, um hier ihren Dämmerschoppen zu nehmen. Denn er war entschieden billiger als das mit der hohen Steuer belastete Lübecker Bier.
In der Stadt mehrten sich indes die Stimmen, die die Absetzung des Bürgermeisters Gotthard von Höveln und des Ratsherrn Dietrich von Brömbsen forderten. Sie dienten nicht mehr »dem gemeinen Besten«, erklärten die Kollegien in einer Resolution. Dies um so weniger, als Dietrich von Brömbsen vom Kaiser zum Reichshofrat ernannt worden sei. Man könne nicht zwei Herren dienen.
Auf entsprechende Vorhalte des Rats erwiderte von Brömbsen, er wisse allein, was er zu tun habe. Er lasse sich nichts vorschreiben, sondern werde zu Rate kommen, wann immer es ihm beliebe. Auch Bürgermeister von Höveln dachte gar nicht daran, auf Drängen der Bürger seinen Hut zu nehmen und auf sein Amt zu verzichten. Die Kollegien und Zünfte strengten daraufhin einen Prozeß am Obergericht an mit dem Ziel, von Höveln auf legalem Wege absetzen zu lassen. Sie beschuldigten ihn erneut, daß er auf seinem Gut zum Verkauf Bier brauen lasse, daß er Bönhasen beschäftige und den dortigen Leinwebern unerlaubterweise Zunftbriefe ausgestellt habe. Doch der Prozeß schleppte sich dahin und erstickte schließlich im formalistischen Paragraphendickicht. Wenigstens, so forderten die Kollegien vom Rat, müsse von Höveln bis zur Beendigung des Prozesses von seinem Amt suspendiert werden. Sollte der Rat darauf nicht eingehen, würden sie ihre Forderung mit dem ihnen zustehenden Recht schon durchzusetzen wissen. Vorsichtshalber packte der Bürgermeister die Koffer und reiste ab, zumal der Rat ihm zu verstehen gegeben hatte, daß nur »Unheil wider Ihn selbst und die ganze Stadt verursacht würde, wenn er sich nicht selbst absentire«.
Dennoch ließ von Höveln nichts unversucht, sein Bürgermeisteramt wieder ausüben zu können. Er bemühte den Reichshofrat und ließ durch den Kaiser eine Kommission einsetzen. Doch alles war vergebens. Als er erkennen mußte, daß seine Anstrengungen nichts fruchteten, unterstellte auch er sein Gut däni-

scher Hoheit. Am 26. März 1669 kündigte er sein Bürgermeisteramt auf, das er bis dahin noch formell innegehabt hatte. Der dänische König wußte seinen Flankenwechsel zu honorieren: Er ernannte ihn zum Rat und Vizekanzler in den Fürstentümern Schleswig und Holstein.
Das Ausscheiden Dietrich von Brömbsens vollzog sich weniger spektakulär. Er erwarb ein Gut in Franken, versprach dem Lübecker Rat aber, für sein in Klein Steinrade gelegenes Anwesen auch weiterhin den Schoß an die Stadt zu bezahlen und es im gegebenen Fall nur an einen Lübecker verkaufen zu wollen.
Während der Streitigkeiten vor dem Kassa-Rezeß hatten die Kaufleute erkannt, daß ihre schärfsten Gegner im Stadtregiment dem Rentner- und Landbegütertenflügel angehörten. Als im Jahre 1666 neue Ratswahlen anstanden, sahen sie die Gelegenheit für gekommen, alles daranzusetzen, um ihrerseits mehr Einfluß im Rat zu gewinnen. In einer Supplik forderten sie, die drei landbegüterten Ratsherren Gotthard von Höveln, Gottschalk von Wickede und Dietrich von Brömbsen vom Wahlakt auszuschließen, da sie in Prozesse gegen Rat und Bürgerschaft verstrickt seien. Mitglieder der Junker-Compagnie sollten nicht mehr wie bisher den Vorzug haben, sondern »Gelahrte und Kauffverstendige«.
Der Rat lehnte den Ausschluß der drei Landbegüterten ab, ging aber auf die Wünsche der Kollegien insofern recht geschickt ein, als er sich dafür entschied, die vier freien Stellen mit einem Zirkelbruder sowie jeweils einem Mitglied der Kaufleute-Compagnie, der Schonenfahrer und der Gewandschneider zu besetzen. Soweit waren es die Kaufleute denn erst einmal zufrieden.
Nun aber stand im gleichen Jahr nach dem Tod Hermann von Dornes die Neuwahl eines Bürgermeisters an. Auch in dieser Frage wollten die Kaufleute ein gewichtiges Wort mitsprechen. Ausführlich legten sie dem Rat dar, welche Eigenschaften dieser ihnen genehme Kandidat haben müßte. Der Rat, so schrieben sie, »möge dahin sehen, daß ein grundgelehrtes, erfahrenes, auch in Reichs-, Creys- und Stadtsachen schon glücklich geübtes, das öffentliche Wohl einzig und allein liebendes Subjektum gewählet werden möge, durch dessen christliche und politische Integrität diejenigen, welchen Gottes Ehre und dieser Stadt Bestes zu Hertzen gehe, unterstützt und angefrischet, hingegen aller Eigennutz außgereutet und exstipiret werde, consequenter auch Gottes Gnad und Segen zu dieser guten Stadt sich wieder wenden möge«.
Dabei hatten die Kaufleute keinen anderen im Auge als den 69jährigen Syndikus Dr. David Gloxin, der ihre Sache schon früher mit Wohlwollen vertreten hatte. Der Rat verwahrte sich zunächst zwar gegen die bürgerliche Einmischung, die er als Eingriff in seine angestammten Rechte der Selbstergänzung ansah, folgte schließlich aber dennoch der Empfehlung. David Gloxin, Sohn des Bürgermeisters von Burg auf Fehmarn, wurde einstimmig in sein neues Amt in Lübeck berufen. Seit 1642 war er als Syndikus in der Stadt tätig gewesen, nachdem er vordem mehrere Jahre als Rat in Fürstendiensten zugebracht hatte.

Kaufleute witterten Morgenluft

Die Wahlerfolge hatten die Kaufleute mutig gemacht. Im Juli 1667 überreichten sie dem Rat eine Denkschrift, in der sie zu bedenken gaben, daß bei der nächsten Ratswahl »in dieser auf das Commercium gewidmeten Stadt« an den nach dem Stadtrecht »rathsfähigen Zunfften nicht vorbey gegangen, sondern allen und jeden derselben zwo ufrichtige, nicht ufgeblasene, oder der bürger Feinde und haßer seynde, sondern des Handels recht erfahrene Persohnen« genommen werden.

Die frei werdenden Stellen sollten dann wieder aus den Kollegien, aus denen ihre bisherigen Vertreter stammten, besetzt werden. Außerdem müßten den Kollegien die »Presentation« ihrer Kandidaten erlaubt sein, da sie über die Fähigkeiten ihrer Mitglieder am besten Bescheid wüßten. Schließlich verlangten die Zünfte, daß die Landbegüterten von der Ratswahl gänzlich ausgeschlossen werden müßten.

Doch so leicht wollte sich der Rat nun auch wieder nicht aus dem Sattel heben lassen. Immer wieder kam es zwischen beiden Seiten zu Unstimmigkeiten, die sich insbesondere an der nach wie vor zweigeteilten Kassenführung entzündeten. So verlangten die Kollegien zum Beispiel, daß die Wege- und Stegegelder, die aus Legaten stammten und zur Verbesserung der Straßen gedacht waren, künftig unmittelbar durch die Kasse und nicht durch den städtischen Bauhof verwaltet würden. Auch müßten die Bürger bei der »Inspektion und Administration des Kriegs- und Verteidigungsapparates« ein gewichtiges Wort mitsprechen dürfen. Und vor allem müßte es mit der Ratsherren-Vetternwirtschaft bei der Vergabe von Lehen ein Ende haben. Unter einer Verlehnung verstand man die Zulassung zu einem Gewerbe oder bestimmten untergeordneten Tätigkeiten. Sie wurden gegen eine feste Abgabe auf Lebenszeit verliehen. Zu den Verlehnten gehörten beispielsweise die Träger, Höker sowie die in städtischen Diensten stehenden Malz- und Bierschreiber, Messer und Marktvögte. Sie bestritten ihren Lebensunterhalt aus den Gebühren, die sie für ihre Tätigkeit verlangten. Je nach Höhe der Einkünfte richtete sich die Summe, die bei der Übernahme eines Lehens gezahlt werden mußte.

Aus diesen Zahlungen hatte der Rat bisher einen recht ansehnlichen Profit gezogen. Die Kollegien forderten nunmehr, daß auch diese Gelder der allgemeinen Kasse zufließen müßten. Vor allem aber auch wollten sie verhindern, daß die Ratsmitglieder frei gewordene Stellen nach Belieben an ihre Diener, Mägde oder Kinder verschenkten, die sie dann ihrerseits gewinnträchtig weitervermieteten. Sie sollten nach den Vorstellungen der Kaufleute vielmehr in den Besitz jener Bürger kommen, die sich damit ihr ärmliches Leben ein wenig erleichtern könnten.

Und noch ein scheinbar nichtiger Anlaß löste erhebliche Verstimmung aus. Der

Rechtsberater der commercierenden Kollegien, Johannes Conradi, hatte die Domina des Johannis-Klosters, Hardeke Hennings, davon überzeugt, daß ihr Kloster aufgrund alter Privilegien nicht der Hoheit des Rates unterstünde, sondern frei sei. Er hatte im Kloster, zu dessen Vogt er bestellt worden war, Quartier bezogen, um sich der Rechtsgewalt des Rates zu entziehen. Als der Rat darauf drohte, ihn mit Gewalt aus dem Kloster zu vertreiben, kam es zum Eklat.
Mit fliegenden Fahnen zogen die Bürger zum Rathaus und besetzten die Ausgänge. Als die Ratsherren zwischen den bewaffneten Bürgern hindurchgehen wollten, erkundigte sich Bergenfahrer-Ältermann Peter Lackmann, ob »im Rathause noch ein Loch wehre, da Senatus außkommen oder echappiren« könne. Der zaghafte Versuch eines Ratsherrn, sich der aufgebrachten Menge entgegenzustemmen, heizte die Stimmung nur noch mehr an.
Man werde die Tore schließen und die Trommel rühren, schallte es ihm aus der Menge entgegen. Und Beifall brandete auf, als einer der Bürger den Ratsherren zurief: »Wir wollen sie nicht eher durchlaßen, bevor sie uns sagen, mit wehme eß ein Jeder hält, ob er auff des Rathes oder Bürger seiten sey.«
Der Rat sah sich nach diesem Zwischenfall gezwungen, den Bürgern in einigen entscheidenden Punkten entgegenzukommen. Er versprach, gegen Conradi keine Gewalt anzuwenden, räumte ihnen ein Mitspracherecht bei der Vergabe von Lehen ein und billigte ihnen nach einigem Zögern schließlich auch eine Mitverwaltung im Verteidigungswesen ein.
Dennoch blieben die Kassabürger skeptisch. Sie argwöhnten, der Rat halte der allgemeinen Kasse doch etliche Gelder vor, insbesondere die aus Geldstrafen und -bußen anfallenden Überschüsse, die nicht zur Bestreitung der notwendigen Staatskosten benötigt würden. Sie verlangten Einsicht in die Abrechnungsbücher.
Als aber alle entsprechenden schriftlichen Gesuche nichts fruchteten, schritten die Bürger zur Tat. Am 26. August 1668 erschien der Ältermann der Schonenfahrer, Wilhelm von Elswig, samt einer Schar Bürger auf der Wettestube im Rathaus und verlangte die Auslieferung der Rechnungsbücher. Die Wetteherren lehnten das Begehren ab. Da die Bürger nicht von der Stelle wichen, verließ der gesamte Rat das Haus. Daraufhin ließ Elswig sämtliche Bücher zur Kasse hinübertragen, Fächer und Laden durch einen Schmied aufbrechen und die darin enthaltenen Dokumente wegschaffen.
Nachdem es im folgenden zu weiteren Zusammenstößen zwischen Rat und Bürgern gekommen war, wandte sich die Stadt diesmal selbst hilfesuchend an den Kaiser. Auch Gotthard von Höveln zog wieder kräftig vom Leder und malte Kaiser Leopold ein düsteres Bild von Lübeck. Dort herrschten weder Einigkeit noch Frieden, Handel und Wandel werde gehemmt, so daß der Untergang der Stadt unvermeidlich sei.
Der Kaiser handelte diesmal rasch und entsandte eine Kommission, die nicht nur

die inneren Unruhen in Lübeck, sondern auch die Differenzen der Stadt mit den Landbegüterten bereinigen sollte. Mit der Bildung der Kommission hatte der Kaiser den Herzog von Braunschweig-Wolfenbüttel und den Kurfürsten von Brandenburg beauftragt. Am 28. Oktober 1668 trafen die beiden von ihnen delegierten Kommissare, Otto von Grote und Dr. Joachim Friedrich Söhlen, in Lübeck ein.

Hatte der Rat anfangs gehofft, die Sache würde recht bald zu seinen Gunsten entschieden sein, sah er sich doch schnell getäuscht. Die Kommissare ergriffen im Gegenteil deutlich Partei für die Bürger. Und das hatte seinen Hintergrund: Die beiden norddeutschen Fürsten, der Kurfürst und der Herzog, fürchteten nämlich insgeheim, daß bei allen Streitereien in Lübeck Dänemark oder Schweden die lachenden Dritten sein und sich des bedeutenden Handelsplatzes an der Travemündung bemächtigen könnten. Unter der Hand hatten ihnen die Bürger eine solche Konsequenz bereits zu verstehen gegeben. Lieber wollten sie sich von einem gekrönten Haupt als von einem tyrannischen Rat regieren lassen. Und zwei Jahre zuvor hatten die Handwerker bereits den Plan ins Auge gefaßt, zur Verteidigung ihrer Rechte gegenüber den Landbegüterten die Schweden zu Hilfe zu rufen.

Im gleichen Jahre auch hatte sich Kurfürst Friedrich Wilhelm von Brandenburg auf die Seite der Lübecker Bürger gestellt und den Rat zu »glimpf« und »moderation« ermahnt, da die Bürger doch nur das Beste der Stadt wollten und die Verminderung der hohen Schuldenlast anstrebten.

Dennoch mußten die Kommissare natürlich danach trachten, einen Vertrag aufzusetzen, der möglichst beide Teile befriedigte. Es ging hart her in den Verhandlungen, und mehrfach drohten Grote und Söhlen sogar mit der Absetzung von Ratsmitgliedern, wenn sie nicht bald einmal vorankämen. Zusätzlicher Ärger entstand dadurch, daß der Rat sich veranlaßt sah, die Anliegen der nicht zu den Beratungen eingeladenen Mitglieder der Zirkel- und Kaufleute-Compagnie zu vertreten.

Die Kollegien fanden sich jeweils zu Vorberatungen im Schonenfahrer-Schütting zusammen. Eine ihrer wichtigsten Forderungen, die sie den Kommissaren unterbreiteten, war die Reform der Ratswahl. Ihrer Meinung nach müßte die Bürgerschaft einen Rat erhalten, zu dem man Vertrauen haben könnte. Ihr Vorschlag: Der Rat solle sich künftig aus je drei Mitgliedern der Zirkel- und Kaufleute-Compagnie, sechs »graduirten und Doctormeßigen Personen« und acht Mitgliedern der übrigen commercierenden Kollegien zusammensetzen. Sobald ein Ratssitz frei würde, solle der neue Ratsherr aus derselben Compagnie stammen wie sein Vorgänger. Und vor allem solle es mit der Vetternwirtschaft im Rat ein Ende haben.

Die Kaufleute drangen deshalb darauf, daß nicht nur wie bisher Vater und Sohn oder zwei Brüder, sondern auch Verwandte bis zum dritten Grade nicht mehr

Der Bürgerrezeß vom 9. Januar 1669. Er setzte erstmals die Mitbestimmung der bürgerlichen Kollegien an den Regierungsgeschäften der Stadt fest. »Beglaubigt« ist der Rezeß mit den Siegeln der acht Kaufmanns-Compagnien und denen der vier großen Ämter (Rotbrauer, Schmiede, Bäcker und Schuster).

gleichzeitig im Rat sitzen dürften. Die Bürgermeister müßten künftig von zwei Kaufleuten und zwei Gelehrten gestellt werden. Es sei ein Unding, so die Kollegien weiter, daß unter den derzeit 14 Ratsmitgliedern allein neun der Junker- und Kaufleute-Compagnie angehörten und nur drei aus den übrigen Kollegien kämen.
Die kaiserlichen Kommissare gaben den Kollegien recht. Das müsse geändert werden. Und sie schlugen eine entsprechende Neuordnung der Ratswahl vor. Riesenprotest von der anderen Seite: Die Kommissare könnten sich schon darauf verlassen, daß der Rat etwas von der »Merkantilwissenschaft« verstehe. Zudem müßten sie sich oft in schwierigen Sachfragen auf Reichs- und Kreistagen behaupten, was der gemeine Bürger wohl leichthin übersehe.
Aber man werde doch, entgegneten die Schlichter, unter den über 300 Mitgliedern des Schüttings wohl acht tüchtige Leute finden, die diese Aufgaben mit ebensoviel Sachverstand bewältigen könnten. Zumindest, konterte der Rat, müßte die Kaufleute- und Junker-Compagnie in Zukunft jeweils vier Sitze im Rat beanspruchen können. Die Kommissare lehnten ab. Acht Sitze seien zuviel.

Kommissare wurden ungeduldig

Im Januar 1669 hatten die kaiserlichen Delegierten die Nase voll. Über zwei Monate bereits hatten sie sich das Gezänk der streitenden Parteien anhören müssen, ohne daß man dabei einen Schritt weitergekommen war. Am Ende hatte man sich sogar noch über die Kleider- und Hochzeitsordnungen in die Haare gekriegt.
Am 4. Januar legten die Kommissare einen neu ausgearbeiteten Rezeßentwurf vor und ließen Rat und Bürgerschaft wissen, daß es damit nun endgültig sein Bewenden haben solle. Weitere Abänderungswünsche würden sie nicht mehr entgegenehmen.
Doch so schnell ließ sich der Rat nicht von seinen Erbhöfen verjagen. Er legte seinerseits ein Papier vor, in dem er seine Rechte erneut geltend machte und die Forderungen der Kaufleute schroff zurückwies. Gegebenenfalls werde man den Kaiser in dieser Angelegenheit höchstselbst anrufen.
Eine solche ins Auge gefaßte Bevormundung verstimmte die Unterhändler. Sie teilten den Bürgerdeputierten kurzerhand mit, daß der Rat noch 30 Rezeßbestimmungen geändert haben wollte, die an sich schon längst beschlossene Sache gewesen seien. Jetzt gingen die Schonenfahrer zum Angriff über, zumal es ihnen nicht verborgen geblieben war, daß die Bergenfahrer, Krämer und Gewandschneider zum Einlenken mit dem Rat bereit zu sein schienen.
Am Vormittag des 6. Januar 1669 beriefen sie alle Zunftältesten in den Schütting zusammen. Es gelang ihnen dabei, auch die Zaudernden wieder auf ihre Seite zu

ziehen. Man erklärte sich mit dem letzten Rezeßentwurf der Kommissare in allen Punkten einverstanden und rügte dabei die »große Wanckelmüthigkeit und Hinterlist« des Rates. Sollte er bei einem Beschluß bleiben, die Verhandlungen abzubrechen, wolle man »hiermit allen bürgerlichen Gehorsam aufgekündigt haben«.

Schonenfahrer-Ältermann Wilhelm von Elswig begab sich mit den Zunftältesten der anderen Kollegien daraufhin zu den Kommissaren und unterrichtete sie über den Beschluß: »Die Ehrliebende Bürgerschaft habe mit höchster Bestürzung vernommen, daß Ein Ehrbarer Rat den Kommissaren einen Rezeßentwurf unterbreitet habe, in dem der Bürgerschaft Jura und Privilegia mit eins übern Haufen« geworfen werden sollte. Die Bürger seien jedoch nicht gewillt, sich das Geringste an Freiheiten und Gerechtigkeiten nehmen zu lassen, sondern wollten »lieber Gut, Ehr und Blut dabey aufsetzen«.

Damit kein größeres Unglück geschähe, sollten sich die Kommissare beim Rat dafür verwenden, »denselben zu aller Billigkeit anzuhalten«. Die Bürgerschaft wäre nämlich nicht länger gesonnen, »so in Widerwillen hinzuleben«.

Die Kommissare beauftragten ihren Sekretär, die bürgerlichen Abgeordneten sogleich zum Rat zu führen, der auf der Kanzlei tagte. Sie sollten dort selbst »vor den Herren ihre Nothdurft reden, jedoch modeste«. Nur zu gern folgten sie dieser Anweisung. Vorsichtshalber nahmen sie ihren Notar Johannes Hesse als Protokollanten mit, um später schriftlich zu haben, was mündlich erörtert werden würde. Man wollte vorbeugen, daß der Rat ihr Unternehmen als »Aufruhr deuten könnte und daß man ihm per force was abgezwungen hätte«.

Inzwischen hatte die Erbitterung über die Unnachgiebigkeit des Rats auf die gesamte Bevölkerung übergegriffen. Hunderte von Menschen versammelten sich auf dem Markt, als der Rat gerade damit beschäftigt war, den letzten Entwurf der Kommissare noch einmal durchzugehen. Als die Bürger zum Rathaus drängten, wurde ihnen beschieden, sie sollten nach Hause gehen und dort weitere Erklärungen abwarten. Doch ihre Geduld war erschöpft. Sie durchbrachen die Rathauswachen und stürmten den Sitzungssaal. Vor dem versammelten Rat vertrat Wilhelm von Elswig ihre Anliegen.

Bürgermeister Gloxin versuchte, mäßigend auf die empörte Menge einzuwirken. Dem Rat sei niemals in den Sinn gekommen, bereits Akzeptiertes wieder rückgängig zu machen. Die Kommission aber habe doch einige neue Gesichtspunkte in den Entwurf eingebracht, die es zu überdenken gelte. Die Bürger möchten doch um 5 Uhr wiederkommen. Bis dahin werde der Rat eine Erklärung vorbereitet haben.

Doch Wilhelm von Elswig und seine Getreuen wichen nicht von der Stelle. Erst auf Intervention der Kommissare, die der Rat per Eilboten um Hilfe gebeten hatte, lenkten die Vertreter der Kollegien ein. Sie zogen ab in Erwartung der vom Rat angekündigten Erklärung.

Am 9. Januar 1669 war es dann tatsächlich soweit: Der Rezeß konnte unterzeichnet werden, nachdem man zuvor noch heftig um den Wortlaut dieser oder jener Textpassage gerungen hatte. Ihre Unterschrift unter den gewichtigen Vertrag setzten die beiden kaiserlichen Kommissare, die an den Verhandlungen beteiligten Ratsdeputierten sowie die Älterleute der commercierenden Kollegien. Ferner die Schiffer, Brauer und die Vertreter der vier großen Handwerker-Ämter. Nur die Mitglieder der Kaufleute- und der Junker-Compagnie weigerten sich, ihren Segen zu der Einigung zu geben. Im Gegenteil – sie protestierten beim Rat gegen den abgeschlossenen Rezeß und leiteten am kaiserlichen Hof wegen der für sie ungünstigen Bestimmungen einen Prozeß ein.
Ehe die kaiserlichen Kommissare abreisten, schärften sie dem Rat noch einmal ein, bei den für den 19. Januar anstehenden Neuwahlen auf zwei den Bürgern nicht genehme Kandidaten zu verzichten, damit keine neuerliche Unruhe entstünde. Fünf vakante Stellen sollten bei dieser Nachwahl neu besetzt werden. Auf Vorschlag der Bürger entschied sich der Rat für die Schonenfahrer Hugo Schuckmann, Kaspar von Degrinck, Johann Fischer, den Bergenfahrer-Ältermann Peter Lackmann und den Prokurator am Obergericht, Dr. Nicolaus Schomerus. Drei von ihnen waren »homines novi« in Lübeck und gebürtige Westfalen. Kaufleute aus dieser Region waren es schließlich auch gewesen, die sich im frühen Mittelalter in Lübeck angesiedelt und Handel und Wandel hatten erblühen lassen.
Die Kaufleute hatten erreicht, was sie gewollt hatten: am öffentlichen Wohl und Wehe der Stadt mitzubestimmen. Zwar war Lübeck bis ins 16. Jahrhundert hinein nicht nur von Rentnern und Landbegüterten regiert worden, sondern vornehmlich auch schon von aktiven Kaufleuten, die aber meist den zwei oder drei vornehmsten Compagnien angehört hatten. Nun aber stand jedem Kaufmann das Recht zu, in den Rat gewählt zu werden, wobei in dem Rezeß allerdings die Einschränkung gemacht worden war, daß nur der als Bewerber für einen Ratsstuhl in Frage käme, der über soviel Vermögen verfüge, daß er aus eigener Kraft »substiren« könne.
An der Funktion des Rates als alleinregierende Obrigkeit änderte sich dagegen nichts. Zusammenkünfte der Bürger in irgendwelchen Stadtangelegenheiten sollten nur innerhalb der einzelnen Kollegien erlaubt sein. Im übrigen hätten sie dem Rat Treue, Gehorsam und Respekt zu erweisen.
Dennoch stellte der Rezeß von 1669 eine gewichtige Zäsur in der Stadtgeschichte dar. Die Bürger waren nunmehr durch ihre Repräsentanten zu einem guten Teil an den Entscheidungen der Stadt beteiligt. Erst 1848 trat an Stelle des Rezesses eine neue Verfassung in Kraft, durch die eine Repräsentation der Bürger geschaffen wurde, die nicht mehr nach Berufsständen zusammentrat, sondern durch allgemeine Wahlen bestimmt wurde.

Der Handel im Wandel

Neue Impulse zur Belebung der Wirtschaft

Kaum schien nach der Einigung von 1669 Ruhe in der Stadt eingekehrt zu sein, als der Kaiser durch Dekret vom 23. Oktober 1670 die für die Landbegüterten ungünstigen Rezeßbestimmungen wieder aufhob. Die Beschränkung auf jeweils nur drei Ratsmitglieder aus den Reihen der Kaufleute- und der Junker-Compagnie sowie das Verbot der Wahl von Verwandten bis zum dritten Grade seien unzulässig. Der Rat nahm dies gelassen zur Kenntnis. Er sah keinen Anlaß, dagegen lauthals zu opponieren. Der Einfluß der Junker war mehr und mehr im Schwinden, eine aktive Kaufmannschaft war in den Rat nachgerückt, die die Wahlen nach ihren Wünschen beeinflussen konnte.

Es galt vielmehr, zur Sache zu kommen und dem brachliegenden Handel neue Impulse zu verleihen. Am 1. März 1672 empfahl der Rat den Kollegien, sich Gedanken zu machen über die Einsetzung eines Commerz-Kollegiums, dem führende Vertreter der Compagnien angehören sollten. Folgende Fragen sollte das Kollegium beraten:

1. Wie der Handel mit Rußland, Livland und Schweden zu fördern sei, wobei man davon auszugehen habe, »daß Lübeck die meiste und beste Schiffahrt mit eigenen Schiffen« habe und behalten müsse.
2. Wie die ostseeischen Waren von hier aus besser versandt und in der Stadt durch Manufakturen veredelt werden könnten.
3. Wie der grönländische und nordische Handel mit Holz, Fischen und Tran in Richtung Osten und Westen weiter ausgebaut werden könne.
4. Wie die Waren aus Spanien und Afrika, Italien, Portugal und Schottland in großen Mengen eingeführt und vornehmlich nach Norden, aber auch nach Pommern, Preußen und Polen weiter ausgeführt werden könnten.

Man wisse, so hieß es in der Ratsempfehlung weiter, daß zur Durchsetzung dieser Ziele Geld, Schiffe und Schiffsvolk gehörten. Während es am Volk nicht mangele, gebräche es doch an Geld und Schiffen. Zu überlegen sei daher, ob zum Bau oder zum Ankauf von Schiffen teils von der Stadtkasse Geld auf Zinsen auszuleihen sei und andererseits Private dazu ermuntert werden sollten, als Parte Gelder in Schiffe und Handelsgeschäfte zu investieren.

Drei Wochen später trafen die Ältesten der Kollegien in der großen Kommissionsstube des Rathauses mit den Stadtvertretern zusammen. Syndikus Dr.

Michaelis legte noch einmal dar, wie die »Nahrung und Handlung« dieser Stadt so merklich abgenommen habe, so daß zu befürchten stehe – wenn nicht durch gute Vorschläge dem Handel wieder aufgeholfen würde –, daß diese »gute und in vielen Jahren berühmte Stadt, der der Handel das Leben gibt, gänzlich ruiniert und verderben würde«.

Die Kaufleute bedankten sich für die »väterliche Fürsorge« und gaben der Hoffnung Ausdruck, daß »Gott seine Gnade dazu geben wolle«, der Stadt zu neuem wirtschaftlichen Aufschwung zu verhelfen. Die Schonenfahrer äußerten zwar ihren Unmut darüber, daß auch die Gewandschneider und Krämer in das Commerz-Kollegium berufen werden sollten, die darin doch überhaupt nichts zu suchen hätten, mußten sich letztlich aber dann doch dem vor allem von der Kaufleute-Compagnie befürworteten Ratsbeschluß beugen.

Bevor man sich nun den gewichtigen außenwirtschaftlichen Fragen zuwandte, galt es zunächst einmal ebensosehr, sich einem näherliegenden Problem zu widmen. Dem Stecknitz-Kanal zum Beispiel. Seit seiner Inbetriebnahme um das Jahr 1400 herum hatte sich kaum mehr eine Hand gerührt, um ihn auf Vordermann zu halten. Er war verkrautet und versumpft, und große Mühe hatten nicht nur die Salzschiffe aus Lüneburg, sich nach Lübeck durchzukämpfen. Sie waren durchweg 20 Meter lang, vier Meter breit und hatten einen Tiefgang von einem knappen Meter. Durchweg konnten sie maximal 250 Zentner transportieren. Die Elbschiffe faßten seinerzeit schon zehnfache Last. Kein Wunder, daß die Getreideschiffe aus Magdeburg und Brandenburg das »Rinnsal« nach Lübeck mieden und ihre Fracht statt dessen in Hamburg abluden, das inzwischen zum größten Getreidemarkt Norddeutschlands geworden war.

An Plänen, den Stecknitz-Kanal auszubauen, hatte es indessen nicht gefehlt. Bereits 1662 hatte Baumeister Walter ein Konzept vorgelegt, das die Beseitigung unnötiger Schleusen und die Vertiefung des Fahrwassers vorsah, so daß auch Schiffe mit einer Last bis zu 400 Zentner den Kanal befahren könnten. Die Dauer der Fahrt zwischen Lauenburg und Lübeck sollte von zehn auf drei Tage

Das Fredenhagensche Zimmer in der Industrie- und Handelskammer zu Lübeck. Das Zimmer befand sich ursprünglich im Hause Schüsselbuden 16, wo Thomas Fredenhagen von 1692 bis 1709 gewohnt hat. In Auftrag gegeben war es von dem früheren Besitzer des Hauses, Klaus von Berken, der das Werk von 1572 bis 1583 in elfjähriger Arbeit herstellen ließ. Für die Paneele wurden Eichenholz, Birnbaum und weißer Alabaster verwendet. Das Zimmer mit über 1000 figürlichen Darstellungen gilt als das reichste Beispiel bürgerlicher Raumkunst in Lübeck.

verkürzt werden. 1669 berief man zusätzlich drei Wasserbaumeister aus Holland nach Lübeck, die für den Ausbau des Stecknitz-Kanals ausführliche Pläne vorlegten und für die Realisierung ihres Projekts 784 677 holländische Gulden veranschlagten.
Der Rat konnte angesichts der Finanzmisere der Stadt nur einmal kurz schlucken und legte die Pläne zu den Akten. Auch das Commerz-Kollegium vermochte in dieser Sache schließlich nichts Weiteres auszurichten. Erst in den Jahren 1821–1823 griff man erstmals zur Schaufel, um zumindest einen Teil des Kanals neu auszustechen.
Allen Engpässen zum Trotz aber hatte der Kanal den Lübecker Kaufleuten stets wertvolle Dienste geleistet. Allein im 16. Jahrhundert wurden jährlich rund 1000 Schiffsladungen Salz von Lüneburg nach Lübeck transportiert – das waren etwa 7000 Lasten à 12 Tonnen oder rund 219 000 Zentner. Im 17. Jahrhundert verringerte sich dieser Verkehr aufgrund der höheren Salzimporte aus Spanien erheblich. Dafür aber wurden zunehmend andere Kaufmannsgüter auf dem Stecknitz-Kanal verschifft. Zwischen 1783 und 1795 zum Beispiel gingen jährlich durchschnittlich 345 beladene Stecknitzboote von Lübeck nach Lauenburg ab. Im Jahre 1817 wurden 3200 Lasten (128 000 Zentner) nach Lauenburg expediert. 150 Jahre zuvor aber waren es eben nur wenige Boote gewesen, die den Kanal hinauf- und hinabgetreidelt worden waren.
In Hamburg, so legte ein Lübecker Kaufmann 1681 in einer Denkschrift dar, sei die Schiffahrt durch das dort 1623 eingesetzte Admiralitäts-Kollegium sehr gefördert worden. Hier in Lübeck aber entbehrten Handel und Schiffahrt einer genügenden Beaufsichtigung, und es fehle »an guter Ordnung«. Dieses zu ändern, sei vornehmlich in Hinblick auf die Spanienfahrer notwendig. Eine aus mehreren Vertretern der Compagnien zusammengesetzte »Admiralität« könnte dafür Sorge tragen, daß Lübecker Schiffe sich auf den Meeren besser behaupten könnten, als es derzeit der Fall sei.

Aufbruch in eine neue Welt

Thomas Fredenhagen – ein »königlicher Kaufmann«

Was hatte Lübecker Kaufleute nun überhaupt bewogen, aus den vergleichsweise ruhigen Gewässern der Ostsee Kurs auf die Küsten Spaniens und Portugals zu nehmen? Verschiedene Faktoren waren dafür maßgebend. Zum einen hatten sich die Handelsmärkte verlagert – die Neue Welt war entdeckt worden. Die Ostsee war nicht mehr der alleinige Wirtschaftsraum, der für Profit sorgte. Der Weltmarkt Brügge, auf dem sich einst die Kaufleute aus Genua und Venedig, aus Kastilien und Aragon und nicht zuletzt aus Lübeck ein Stelldichein gegeben hatten, war zerbrochen. Auch in Antwerpen war es still geworden. Lissabon hatte sich indessen zum größten Gewürzmarkt der Welt entwickelt, Sevilla war zum Ausgangspunkt des spanischen Kolonialhandels geworden.

Und zwischen den Niederlanden und Spanien herrschte Krieg. Jeglicher Handel zwischen beiden Ländern war unterbunden. Hilfesuchend wandten sich die Spanier an die Hanse, sie in ihrer Notlage zu unterstützen. Auf Korn vor allem war man angewiesen, aber auch auf Bauholz, Hanf, Flachs und Schiffstauwerk. Die Hansestädte erhörten nicht ganz uneigennützig den Hilferuf und setzten die Schiffe unter Segel. Denn für sie war die Rückfracht von Interesse und Gewinn: Gewürze, Weine und Juwelen und nicht zuletzt das aus dem Meer gewonnene Salz.

Bei allem möglichen Gewinn war es dennoch jedesmal wieder ein höchst waghalsiges und gefahrvolles Unternehmen, Schiffe nach Spanien in See stechen zu lassen. Thomas Fredenhagen war einer jener Lübecker Kaufleute, die das Abenteuer wagten und bestanden. Sein Lebensweg gleicht dem eines Tellerwäschers, der es durch Zähigkeit und Tatkraft bis zum Millionär gebracht hat.

Sein Vater war Brauer. Als 15jähriger trat Thomas Fredenhagen im Jahre 1642 in die Lehre des Gewandschneiders Christian Hasenkrug. Zwölf Jahre dauerte die Lehr- und Gesellenzeit. Als der Meister starb, heiratete Thomas Fredenhagen am 25. Juni 1655 brauchgemäß die Witwe seines Lehrherrn. Der damals 28jährige zeigte sich bei der Morgengabe nicht kleinlich. Er kaufte seiner Frau Hochzeitsgeschenke im Wert von 3000 Mark und ließ sich die Kleider zur Feier des Tages zusätzliche 1000 Mark kosten. Man wollte schließlich etwas darstellen in der Lübecker Gesellschaft.

Nun hatte Witwe Maria Hasenkrug allerdings schon 16 000 Mark in die Ehe eingebracht, darunter für 3500 Mark Schiffsanteile. Denn derzeit war es noch üblich, sein Glück nicht auf ein Schiff allein zu setzen, sondern seine Anteile aus

Sicherheitsgründen auf verschiedene zu verteilen. Sollte ein Schiff verlorengehen, hatte man damit immer noch Gewinn an den anderen.
Thomas Fredenhagen versuchte sich zunächst im Ostseegeschäft, verfrachtete in kleineren Partien Eisen, Holz, Teer und Hanf über das Meer. Im geheimen aber blickte er schon längst über die Ufer der Ostsee hinaus nach Spanien und Portugal. Hier schien ihm die Zukunft seiner Handlung zu liegen.
Zu Spanienfahrern hatten sich Lübecker Kaufleute bereits in den 70er Jahren des 16. Jahrhunderts zusammengeschlossen. Bereits 1574 wurden rund 70 Lübecker Schiffe gezählt, die durch den Sund in Richtung Spanien und Portugal segelten, fünf Jahre später waren es schon hundert Schiffe. Doch es war ein gefährliches Geschäft. Denn immer wieder kam es vor, daß Lübecker Schiffe nicht nur von holländischen, sondern auch von englischen Piraten gekapert und ausgeraubt wurden.
Am 29. Juni 1627 versammelten sich die Vertreter der Kollegien im Schonenfahrer-Schütting, um über die Entsendung des Ratssekretärs Brun nach England zu beraten. Nach dem Beschluß der Versammlung sollte bei dem König von Großbritannien ein Protest gegen die Schädigung der Lübecker Schiffahrt vorgetragen werden. Brun sollte vor allem auf die Freilassung der auf den letzten Reisen nach Spanien aufgegriffenen und nach England verschleppten Schiffer drängen und für die Schiffahrt nach Spanien wieder eine »freie, freundliche Fahrt« fordern.
Trotz aller Gefahren auf den Meeren aber wagten sich einige Lübecker Schiffe schon im 17. Jahrhundert bis nach Brasilien, Afrika und Ostindien vor. Gelegentlich mußten die Schiffe allerdings auch gegen ihren Willen fremde Küsten ansteuern. Denn Spanien und Portugal zeigten sich nicht zimperlich und nahmen Lübecker Schiffe bisweilen für ihre eigenen Zwecke in Beschlag, wenn es ihnen gerade nützlich und vorteilhaft erschien.
Im Jahre 1600 hatten die Lübecker Kaufleute Hans Balhorn, Nikolaus Holste und Diedrich Meinßen ihre Schiffe »Der halbe Mond«, »Die blaue Taube« und »Der goldene Anker« auf die Reise nach Portugal geschickt. In Lissabon wurden die Kapitäne der drei Schiffe gezwungen, einen Trupp Soldaten nach Pernambuco zu befördern. Dort sollten sie für Lissaboner staatliche Rechnung Zucker und Brasilholz einkaufen und damit nach Portugal zurückkehren. Ein in Lissabon lebender Deutscher, Jan Moller, verbürgte sich zusammen mit dem Portugiesen Joao Munez für die Rückkehr der Schiffe und ließ sich dafür die Schiffspapiere als Pfand aushändigen.
Die Schiffe fuhren zwar nach Brasilien, kehrten aber anschließend auf direktem Weg nach Hamburg zurück. Die Lissaboner Reede, so ließen die Lübecker die Portugiesen anschließend wissen, habe nicht angesteuert werden können, weil sie von Engländern blockiert gewesen sei.
Nun aber war Jan Moller natürlich in einiger Verlegenheit. Er hatte sich

schließlich für die Rückkehr der Schiffe verbürgt. Immerhin erreichte er beim Rat, daß das eingebrachte Brasilgut zur Sicherung seines Kautionsanspruchs von 11 479 Mark lübsch mit Arrest belegt wurde. Nachdem die Lübecker Reeder diesen Betrag der Hamburger Kämmerei überwiesen hatten, wurde die Fracht wieder freigegeben. Dennoch prozessierte man noch bis zum Jahre 1638 um nachträgliche Schadensersatzforderungen.

»Der Engel« auf Sklavenfang

Noch abenteuerlicher verlief die Fahrt des »Engel«, eines Schiffes, das die in der Spanienfahrt tätigen, kapitalkräftigen Kaufleute Matthäus Rodde, Michael Wessel, Berend Frese, Johann Crutze, Hugo Lente und Thomas Plönnies im Jahre 1657 zum Zwecke des Sklavenhandels auf die Reise geschickt hatten. Begleitet war »Der Engel« von der Jacht »Adler«, mit der man in die Flußläufe der afrikanischen Küste vordringen wollte, um Sklaven einzufangen. Doch bevor man noch die afrikanische Küste erreicht hatte, wurde der »Adler« vom Sturm verschlagen.

Auf der Suche nach der verschollenen Jacht lief »Der Engel« einer holländischen Sklavenfang-Expedition vor den Bug. Die Holländer inspizierten das Lübecker Schiff und erklärten Ladung und Gut für frei. Der Kapitän des Schiffes, Tilman Wilkens, und Steuerman Adrian van Lewen wurden jedoch festgenommen und von Bord geholt. Die Holländer begründeten dieses Vorgehen damit, beide seien Niederländer von Geburt und hätten früher in Diensten der niederländisch-westindischen Kompagnie gestanden. Sie dürften sich daher nicht auf fremden Schiffen vor der Sklavenküste sehen lassen.

Große Bestürzung auf dem »Engel«: wie ohne Kapitän die Reise fortsetzen? Man bestimmte schließlich den Schiffer Cort Evertsen dazu, das Ruder zu übernehmen. Und es ließ sich auch gar nicht schlecht an. Man machte reiche »Beute«. 430 Menschen, Sklaven und Volk, so berichtete später der Schiffsbarbier und Wundarzt, seien in fürchterlicher Enge zu versorgen gewesen. Ersatzkapitän Evertsen hatte daneben noch ein glänzendes Geschäft auf eigene Rechnung gemacht. Während die Mannschaft auf Sklavenfang ausgezogen war, hatte er größere Mengen Barrengold und 40 Elefantenzähne eingehandelt.

Wenn auch geschäftlich erfolgreich, so war er doch den seemännischen Erfordernissen nicht gewachsen. Eines Nachts stürzte er sich in einem Anfall geistiger Umnachtung über Bord, nachdem er das Schiff vordem auf einen Kurs gebracht hatte, der weitab vom angestrebten Zwischenziel der Kanarischen Inseln lag. »Der Engel« trudelte führerlos im Meer umher, denn auch Hinrich Richter, den man in letzter Not als Steuermann ausgeguckt hatte, vermochte das Schiff nicht nach den Kanaren zu dirigieren.

Der Zufall führte den »Engel« schließlich nach Martinique, wo man die Sklaven auslud und einen neuen Steuermann anheuerte. Er brachte das Schiff wohlbehalten nach Lübeck zurück.

Bootsleute traten in Streik

Auch in Lübeck selbst kam es wegen der Spanienfahrt wiederholt zu Unstimmigkeiten und Unruhen zwischen Bürgern und Rat, zwischen Schiffern und Kaufleuten. Im Jahr 1632 hatten die Kaufleute den Lohn für die Schiffer gesenkt. Der Zoll auf das spanische Salz, so hatten sie diese Maßnahme begründet, sei so drastisch erhöht worden, daß man sich genötigt sehe, wenigstens einen Teil der hohen Abgaben durch Lohnabzüge wieder aufzufangen.

Die Bootsleute traten in den Streik. Am 8. September 1632 versammelten sie sich im Lübecker Dom und kamen überein, die Schiffe so lange an der Trave liegen zu lassen, bis ihre Forderungen nach angemessener Beteiligung an der Fracht Gehör gefunden hätten. An der Trave selbst kam es derweil zu tumultartigen Szenen, so daß die Kaufleute den Rat schließlich um »Schutz gegen das tobende Schiffsvolk« nachsuchen mußten. Die Unruhen aber hielten an, obwohl der Rat alles versuchte, eine Einigung zwischen den beiden Parteien herbeizuführen, damit die »Schiffsmannschaft in dieser gefährlichen und beschwerlichen Zeit der Stadt erhalten bliebe«.

Die Verhandlungen der Compagnien und der Wetteherren in der Kriegsstube des Lübecker Rathauses brachten jedoch keinerlei Fortschritt. Die Bootsleute beriefen sich in einer weiteren Eingabe auf die hansische Schiffsordnung aus dem Jahre 1591, wonach einem jeden Schiffer ein bestimmter Frachtanteil zustände. Sie würden es nicht dulden, daß daran jetzt Abstriche gemacht werden sollten.

Abermals kamen sie im Dom zusammen, um über die Anmusterung der

Die Struckssche Diele im St.-Annen-Museum mit der großen Waage im Vordergrund. In ihrer Ausstattung entspricht sie der Diele eines reichen, mit Wein handelnden Lübecker Kaufmanns des 18. Jahrhunderts. Der überwiegende Teil der Einrichtung, wie die hölzernen Galerien, Treppen sowie die Säule, stammt jedoch aus dem ehemaligen Hause Glockengießerstraße 20, das in der Mitte des 18. Jahrhunderts von dem wohlhabenden Rotbrauer Joachim Dissmann bewohnt wurde. 1914 wurden die Originalteile zusammen mit Interieurs aus anderen Kaufmannshäusern zur Struckschen Diele (benannt nach dem Stifter Prof. Dr. med. R. Struck) zusammengefaßt.

Mannschaft für ein Schiff zu beraten, das Schiffer Michael Carstens mit Ladung von Danzig nach Lissabon angenommen hatte. Die Diskussion unter den alten Domgewölben wogte hin und her. Schließlich zeigte sich die Mehrheit dafür, daß jedem Matrosen der Tod angedroht werden sollte, der es wagen würde, sich unter anderen als den von ihnen gestellten Bedingungen mustern zu lassen. Der Streit dauerte den ganzen Herbst hindurch, bis ihm der herannahende Winter und die ruhende Schiffahrt ein Ende machten.

Mehr noch als das gelegentliche Aufmüpfen ihrer Mannschaften aber machte den Kaufleuten die Unsicherheit auf den Meeren zu schaffen. Immer wieder wurde darum die Forderung gestellt, den Frachtschiffen Convoyschiffe mit auf den Weg zu geben, die sie vor den Übergriffen der Piraten schützen sollten. »Würde dies geschehen«, wandte sich ein Spanienfahrer an den Rat, »würde ein größeres Vertrauen zur Fahrt nach Spanien wiederkehren, und es würde in Zukunft niemand mehr so toll sein, die Ostseewaren mit 12 bis 15 Prozent Mehrkosten nach Hamburg zu schicken, um sie von dort aus unter dem besseren Schutz der Hamburger Convoyschiffe nach Spanien verfrachten zu lassen.« Die Convoyschiffe könnten den Schutzdienst zweimal im Jahr leisten. Sie könnten eins ums andere im Herbst in England bleiben, so daß eines dann wieder nach Lübeck zurückkehren könne.

Doch auch für die Gestellung von Convoyschiffen fehlte es schließlich am nötigen Geld. Als jedoch im September 1678 in Travemünde 30 bis 40 Schiffe zur Ausfahrt nach Spanien bereitlagen, hielten es die Schiffer doch für geraten, zum Schutze der Flotte und zur eigenen Sicherheit noch einmal beim Rat vorstellig zu werden und um Geleitschutz zu bitten. Das Lübecker Kriegsschiff »Hirschbock« reiche dazu allein nicht aus. Zumindest müsse ein zweites Schiff schleunigst für den Convoydienst ausgerüstet werden.

Zugleich waren die Ältesten der Compagnien in der Börse zusammengekommen und hatten vom Rat ebenfalls die Bereitstellung eines zweiten Convoyers gefordert. Denn inzwischen war bekanntgeworden, daß nicht nur französische Kaperer in der Nordsee kreuzten, sondern weitere Piratenschiffe von Kalmar ausgelaufen waren.

Die Vorkehrungen für die Ausrüstungen eines zweiten Convoyschiffes nahmen jedoch einige Zeit in Anspruch. Als sich die Ältesten der Spanienfahrer und Deputierte des Rats am 11. Oktober schließlich nach Travemünde begaben, um bei der Abfahrt der Flotte zugegen zu sein, waren die Schiffe der Riga-, Reval- und Newafahrer bereits ohne Convoy davongesegelt. Man hatte wohl nicht mehr mit einem Schutzgeleit gerechnet.

Eiligst wurden nunmehr die Offiziere und Mannschaften der beiden Convoyschiffe vereidigt, nach besten Kräften ihre Pflicht zu tun, und sodann mit den Worten in See geschickt, »sie sollten in Nahmen Gottes mit die Schiffe, so noch vorhanden, absegeln«.

Auf volles Risiko gesetzt

Thomas Fredenhagen dagegen setzte auf volles eigenes Risiko. Er war des Streites überdrüssig, der zwischen Rat und Kollegien über die Gestellung von Convoyschiffen immer wieder ausgefochten wurde, und nahm das Heft selbst in die Hand. Im Ostseehandel hatte er bereits ein gutes Geschäft gemacht, sich dabei nicht nur als Kaufmann, sondern auch als Reeder betätigt. So ließ er bald mehr Schiffe bauen, als er für seinen eigenen Warenhandel benötigte.

Doch der Ostseehandel genügte ihm auf die Dauer nicht mehr. Schon bald ließ er seine Flotte daher auch nach Spanien und Portugal segeln, obwohl die Blütezeit der Spanienfahrt längst vorüber war. Doch Fredenhagen wußte, was er tat. Er ließ seine Schiffe fortan nur noch auf eigene Rechnung bauen, ein kühner Schritt, den bis dahin kaum ein anderer vor ihm gewagt hatte. »Herr Fredenhagen«, so vermerkte der Schreiber des Lastadienbuches, des Verzeichnisses der in Lübeck gebauten Schiffe, im Jahre 1694 voller Verwunderung, »rheedet dieses Schiff ganz allein!«

Bislang war es üblich gewesen, sich mit Partenteilen am Schiffbau zu beteiligen, um so das Risiko zu mindern. Manche Kaufleute hatten an einem Schiff beispielsweise nur einen Anteil von zehn Prozent oder weniger. Im Falle des Verlustes von Schiff und Ladung teilte man sich den Schmerz dann eben mit den anderen Parteninhabern.

Thomas Fredenhagen jedoch ging aufs Ganze. Er wollte Alleinreeder sein und ließ Schiffe für sich bauen, wie sie in dieser Größe in Lübeck bis dahin noch nicht vom Stapel gelaufen waren. Und vor allem – er ließ sie mit Kanonen ausrüsten, damit sich die Besatzung gegen Piraten und Kaperer im gegebenen Fall selbst zur Wehr setzen könnte.

Er wollte eben nicht dem Beispiel anderer Lübecker Kaufleute folgen, die sich bei Übergriffen fremder Seemächte mit weitschweifigen Protesterklärungen begnügt hatten, die in der Regel überhaupt nichts einbrachten, oder die hohe Tribute und Lösegelder gezahlt hatten, um sich aus der Gewalt türkischer Seeräuber zu befreien. Noch vorsichtigere Kaufleute hatten sogar völlig darauf verzichtet, eigene Schiffe über den Atlantik segeln zu lassen. Sie ließen ihre Frachten durch die Hamburger verschiffen. Im Jahre 1672 segelten von Amsterdam aus sogar 14 holländische Schiffe für Lübecker Rechnung nach Spanien.

Fredenhagens Wagemut aber verhalf dem Lübecker Schiffbau zu neuer Blüte. Zwischen 1655 und 1709 verließen 477 Segler die Lübecker Werften. An zehn Prozent der Neubauten war Fredenhagen beteiligt, 13 Schiffe allein gingen auf eigene Rechnung. Dem Rat rechnete Fredenhagen vor, daß der durch den Bauauftrag für nur zwei Schiffe über 20 000 Reichstaler an Handwerkerlöhnen in Umlauf gesetzt habe. Er habe »seine Mittel fast alle in die Navigation dieser Stadt gesteckt«.

Die Fredenhagenschen Schiffe waren in aller Welt bekannt und berühmt: »König Joseph« zum Beispiel mit seinen 76 Kanonen, »Der Palmbaum« oder der »Elephant«. Zeitweise wurden die Großsegler vom Hamburger Rat als Convoyschiffe für die eigene Spanienfahrt gechartert.
Durch den Bau der großen und gut bewaffneten Schiffe hatte Fredenhagen das Risiko auf ein Mindestmaß herabgesenkt. Hatte er im Ostseegeschäft noch mit einem bunten Warengemisch, vornehmlich mit Stückgütern, gehandelt, so verlegte er sich in der Spanienfahrt fast ausschließlich auf Massengüter. Die Schiffe wurden nicht in Lübeck beladen, sondern in jenen Häfen, in denen die zu befördernde Ware direkt anlandete. In Reval zum Beispiel nahm man Holz an Bord und fuhr damit nach Lissabon, in Stockholm wurde Eisen für Genua geladen, und von Fehmarn ging die Reise mit einer Ladung Weizen oder Roggen unmittelbar nach Porto. Lübeck war nur noch Heimathafen der Schiffe. Holz, Eisen, Roggen, Flachs und Hanf waren die Hauptausfuhrartikel der Fredenhagenschen Flotte. Die Rückfracht bestand neben Gewürzen und Weinen zur Hauptsache aus Salz.
So weltläufig Thomas Fredenhagen im Großen handelte, so pingelig konnte er in kleinen Dingen sein. Als er auf Klagen der Schonenfahrer vom Rat dazu verurteilt worden war, die für ihn belanglose Summe von 500 Reichstalern zu zahlen, weil er ein Schiff vor Ablauf der gesetzlichen Karenzzeit ins Ausland verkauft hatte, weigerte er sich strikt, dieser Aufforderung nachzukommen. Nach monatelangem Hin und Her war es schließlich gelungen, das Bußgeld auf 100 Taler herabzudrücken, und auch diesen Betrag zahlte er nicht unmittelbar, sondern ließ ihn fiskalisch einklagen.
Wie so oft, waren es die Schonenfahrer gewesen, die, auf Herkommen und Tradition bedacht, jeglichen Neuerungen von vornherein skeptisch gegenüberstanden. Deshalb hatten sie auch energisch auf der Verordung bestanden, daß Lübecker Schiffsneubauten nicht an Fremde verkauft werden dürften. Man befürchtete nämlich, daß damit fremde Seemächte in die Lage versetzt werden könnten, diese Schiffe nicht nur im Handelsgeschäft, sondern auch in kriegerischen Auseinandersetzungen gegen Lübeck zu verwenden.
Vor allem die Kaufleute-Compagnie, der Thomas Fredenhagen in den 80er Jahren des 17. Jahrhunderts als Ältermann vorstand, beschied den Schonenfahrern immer wieder, dies sei doch eine völlig antiquierte Vorstellung. Die Zeiten hätten sich geändert, auch anderswo würden inzwischen gute und große Schiffe gebaut. Es bestünde doch im Gegenteil die Gefahr, daß Lübecks Werften Konkurs anmelden müßten, wenn sie nicht für auswärtige Rechnung Schiffe bauen dürften. Im Jahre 1684 wurde diese Verordnung gegen den Einspruch der Schonenfahrer dann auch aufgehoben.
Fredenhagens Flotte beherrschte die Westsee. Zeitweise waren bis zu zehn Großsegler gleichzeitig unterwegs. Doch nicht nur nach Spanien und Portugal

richtete sich der Kurs, sondern von 1665 an auch nach Grönland. Jeweils im März liefen jährlich zwei Schiffe in die nördlichen Fanggebiete aus, um Jagd auf den Wal zu machen. Im August waren sie wieder zurück, um dann den Winter über in der Spanienfahrt eingesetzt zu sein.
Aufgrund seiner weitsichtigen, das Risiko nicht scheuenden Handelspolitik war Thomas Fredenhagen zu einem der reichsten Kaufleute Lübecks, zum Millionär geworden. Er gehörte dem kleinen, exklusiven Kreis der Höchstbesteuerten an. Auch manche geschäftlichen Rückschläge, die er im Laufe seines Lebens hatte hinnehmen müssen, konnte er gelassen verkraften. 1690 zum Beispiel ging ein Schiff mit einer Ladung im Wert von 40 000 Mark verloren, ein Jahr später kaperten algerische Seeräuber sein größtes Schiff, den »Palmbaum«. Trotz erbitterter Gegenwehr wurden Kapitän Johann Oldenburg und seine Getreuen überwältigt und in die Sklaverei verbannt. Für Thomas Fredenhagen bedeutete dies nicht nur einen schmerzlichen personellen Verlust, sondern auch eine finanzielle Einbuße von 120 000 Mark. Im Jahre 1695 konnte er der Stadtkasse dennoch ein Darlehen von 100 000 Mark überweisen. Ein Jahr darauf stiftete er St. Marien den marmornen Prunkaltar, den der Antwerpener Meister Quellinus für 26 590 Mark errichtete.
Neben seinen kaufmännischen Geschäften entfaltete Thomas Fredenhagen auch in städtischen Angelegenheiten eine rege Betriebsamkeit. Denn über 17 Jahre gehörte er dem Lübecker Rat an.
In seinem stattlichen Haus im Schüsselbuden dagegen blieb es still. Weder der ersten Ehe noch der zweiten, die er 1696 mit Elisabeth Pomarus, der Tochter des Lübecker Superintendenten, geschlossen hatte, waren Kinder beschieden. Sein Haus, die Schiffe und alle übrigen Werte vermachte er in seinem Testament dem ihm nahestehenden Handlungsgehilfen Ludwig Mentz. Weitere 170 000 Mark Barvermögen kamen Stiftungen, Stiefgeschwistern und entfernteren Verwandten zugute.
Noch bis zur Mitte des vorigen Jahrhunderts stritt man sich um die Millionen-Hinterlassenschaft des königlichen Kaufmanns herum. Angeblich erbberechtigte Familien aus Mecklenburg und Brandenburg richteten wiederholt Anfragen an den Rat, in der Hoffnung, noch nachträglich am geschäftlichen Erfolg Thomas Fredenhagens teilhaben zu können.

Hochblüte vor dem Niedergang

Franzosen legen Lübecks Handel lahm

Auch in den folgenden Jahrzehnten redeten sich Rat und Kaufleute die Köpfe darüber heiß, was zu tun sei, um dem schwindenden Handel wieder auf die Beine zu helfen. Von der Einsetzung eines Admiralitäts-Kollegiums hatte der Rat schon bald abgesehen, weil er darin nur einen möglichen Eingriff in seine Befugnisse gesehen hatte. Erstrebt gewesen war von den Compagnien die Bildung einer Handels- und Schiffahrtsbehörde, die der Rat in dem konsultieren sollte, »was sowohl dem Handel als auch der Schiffahrt dienlich sei«.
Dazu, so hatten jedoch die Schonenfahrer angemerkt, brauche man keine Behörde. Wo man anzupacken habe, wisse man aus alter kaufmännischer Erfahrung selbst. Der Rat sah das auch so und lehnte die Einsetzung eines Admiralitäts-Kollegiums als maßgebende Handels- und Schiffahrtsbehörde ab. Dennoch verschloß er sich auf anderen Gebieten keineswegs den Forderungen der Kaufleute, ihre Sache mit Nachdruck zu vertreten.
Eine Commerz-Kommission wurde abermals eingerichtet, der fünf Ratsmitglieder angehörten. Sie sollten im ständigen Dialog mit den Kaufleuten darüber nachdenken und befinden, wie das Wirtschaftsleben der Stadt zu befördern sei.
Zu den Fragen, mit denen sich die Kommission beschäftigte, gehörte unter anderem die Errichtung einer größeren Anlage zum Salzen und Räuchern von Heringen auf dem Leuchtenfeld in Travemünde. Akut geworden war diese Frage, nachdem sich in den 40er Jahren des 18. Jahrhunderts wieder reiche Heringsschwärme in der Lübecker Bucht eingefunden hatten.
Lebhaft diskutiert wurde daneben die Gründung einer »Grönländischen Compagnie zum Walfischfang«. Bereits im Jahr 1680 hatten sich einige Kaufleute, unter ihnen Thomas Fredenhagen, zusammengetan, um eine solche Gesellschaft zu gründen. Die Holländer und Hamburger, so hatte man damals argumentiert, ja sogar kleinere Städte wie Stade und Glückstadt betrieben Walfang mit großem Gewinn. Warum sollte nicht auch Lübeck diese Quelle des Reichtums ausschöpfen, »zumal die Fahrt nach Grönland von hier aus mit geringeren Spesen als von den Städten an der Westsee aus betrieben werden könne, Schiffe und Proviant billiger zu erstehen seien und der Walfischtran hierselbst mit zwei bis drei Talern Gewinn mehr als in Hamburg zu verkaufen sei«?
Man hatte sogar eine Lotterie ins Auge gefaßt, mit deren Erlös die Walfangflotte ausgerüstet werden sollte. Sechs Schiffe wollte die Gesellschaft damit finanzieren, jedes Schiff 120 bis 160 Lasten groß. Das erforderliche Gründungs- und

Betriebskapital war auf 130 000 Mark veranschlagt. Die Verwaltung sollte sechs Personen und einem Buchhalter übertragen werden, und »beym Schluß der rechnung sollte einem Jeden participanten, von dem, waß durch Gottes gnade und Seegen gewonnen, seine portion pro rata ausgekehrt werden«.
Doch die Wale blieben von Lübecker Seite aus weitgehend unbehelligt. Letztlich konnte man sich nämlich doch nicht zur Gründung einer gemeinsamen Walfang-Compagnie durchringen. Es blieb bei der Einzelpirsch.
Dennoch hatte sich Lübecks Handel mit Ablauf des 18. Jahrhunderts wieder gefestigt. Der Warenaustausch mit den nordischen Ländern, mit England und den Niederlanden wies steigende Zuwachsraten auf, und auch das Ostgeschäft verlief recht zufriedenstellend.

Kurzer Aufschwung im Hafen

Dann aber zog von Frankreich her ein Unwetter hoch. Zunächst war es nur ein fernes Wetterleuchten, das die Kaufleute nicht weiter beunruhigte, denn der Beginn der napoleonischen Herrschaft ließ sich für sie gar nicht einmal schlecht an. Die Besatzung Hollands durch die Franzosen trennte die Niederlande von England ab und nötigte die englischen Kaufleute, für die Ausfuhr ihrer Kolonialwaren und anderer Güter die Hansestädte als Ein- und Ausfuhrhäfen zu benutzen.
Als Napoleon seine Truppen im Mai 1803 bis zur Weser rücken ließ, um das dem englischen König gehörende Kurfürstentum Hannover zu besetzen, England indes mit seiner Flotte die Mündungen der Elbe und Weser sperrte, war Lübeck unter den größeren deutschen Häfen das einzige offene Tor, durch das sich der Handel Mitteleuropas nach der Ost- und Nordsee bewegen konnte.
Aus diesen Gründen erlebte der Lübecker Hafen in den Jahren zwischen 1803 und 1806 einen unerwarteten Aufschwung. Die vorhandenen Einrichtungen reichten kaum aus, um den Güterumschlag zu bewältigen. Neue Liegeplätze für Schiffe mußten geschaffen werden. Am Ende wurde sogar das Travegelände zwischen Holstenbrücke und Dankwartsbrücke, das sonst nur den Stecknitzbooten vorbehalten war, für die Seeschiffe hergerichtet. Über den Stecknitz-Kanal selbst wurden Elbgüter in nie gekanntem Umfang befördert. Die Träger-Korporationen waren überfordert. Sie schafften es nicht mehr allein, die vollbeladenen Schiffe zu löschen. Aus Holstein und Mecklenburg wurden daher zusätzliche Arbeitskräfte und Lastfuhrwerke herangezogen. Die Grundstückspreise stiegen sprunghaft an, die Bautätigkeit nahm von Tag zu Tag zu.
Am 23. April 1806 erfuhren die Lübecker aus den Hamburger Gazetten jedoch zu ihrer Bestürzung, daß die britische Regierung nach der Sperrung der Weser,

Ems und Elbe nun auch die Travemündung für blockiert erklärt habe. Eine amtliche Bestätigung dieser Nachricht erhielt der Senat erst einige Tage später durch den hanseatischen Agenten Heymann aus London.
Die Blockade der Nordseehäfen war nicht unerwartet gekommen, da Preußen sie aufgrund seines Vertrages mit Frankreich gegen den Handel und die Schiffahrt der Engländer gesperrt und dadurch Repressalien von England herausgefordert hatte.
Bereits am 14. April war ein englischer Konsulatsbeamter auch in Lübeck erschienen, um die dort anwesenden Schiffe seiner Nation zur sofortigen Abreise zu veranlassen, da zu befürchten sei, daß Preußen auch hier feindliche Maßnahmen gegen die Flagge und Waren Großbritanniens ergreifen könnte.
Lübeck versuchte, sich aus der Einschnürung auf diplomatischem Wege zu befreien. Zum einen mußte die englische Regierung zur Aufhebung der angekündigten Blockade bewogen werden, zum anderen mußte man alles daransetzen, um Preußen von einer Okkupation Lübecks und etwaigen damit verbundenen Sperrmaßregeln gegen den englischen Handel abzuhalten. Denn nichts hätte Lübecks derzeit in Hochblüte stehenden Handel schwerer treffen können, als wenn sich englische Kriegsschiffe quer vor die Travemündung gelegt und Ein- und Ausfuhr lahmgelegt hätten.
Rat und Kaufleute beratschlagten, wie in dieser heiklen Situation zu verfahren sei. Man kam schließlich überein, die Vermittlung des in Hamburg residierenden englischen Gesandten Edward Thornton, der auch in Lübeck beglaubigt war, in Anspruch zu nehmen. Ferner sollte ein »kundiger, der englischen Sprache vertrauter Lübecker Kaufmann« nach London gesandt werden, um die diplomatischen Bemühungen des Agenten Heymann zu unterstützen.
Inzwischen hatte die britische Regierung bereits die Blockade über die Travemündung verhängt. Sie war nach englischem Recht de facto in Kraft getreten, ohne daß es dazu eines Blockadegeschwaders bedurft hätte. In der dem Lübekker Rat übermittelten Note hieß es dazu: »Seine Großbritannische Majestät sei durch das Verhalten des Königs von Preußen zu dieser Maßregel genötigt worden, die Sie selbst aufs tiefste bedauerte, die Sie aber nicht hätte vermeiden können im Hinblick auf die eigene Würde und die Interessen Ihrer Untertanen.«

Erfolgreiche Mission nach London

Eile war geboten, um diese britische Fehleinschätzung der Lage aus Lübecker Sicht zu korrigieren. Der Kaufmann Christian Joachim Schmidt junior, Teilhaber der angesehenen Firma Schmidt & Plessing in Lübeck, bot sich für diese schwierige Mission an. Schmidt war ein unternehmerischer, sprachgewandter junger Mann, dabei voll patriotischen Eifers für seine Heimatstadt. Seine

Das VIII. Capitel.
Von der Bürgerschafft zu Lübeck.

Die gesamte **Bürgerschafft** zu Lübeck (ausser denen Graduirten/ Kirchen- und Schul-Bedienten/ wie auch einigen andern) bestehet aus **zwölff** *Collegiis*, deren jegliches/ bey denen Bürgerlichen Berathschlagungen / sein besonderes Votum hat. Es sind aber dieselben folgende:

1. Die **Junckern-Compagnie** oder die **Zirckel-Gesellschafft** welche an. 1379. ihren Anfang genommen/ und von Käyser **Friederich** III. und dessen Nachfolgern am Reich bestättiget worden. Es werden in dieselbe nur Patricii oder Geschlechter aufgenommen/ deren Abzeichen von Alters her ein güldener Zirckel gewesen ist. Ihr Haus/ da sie zusammen kommen/ ist in der Königstrassen/ nicht weit von S. Catharinen.

2. Die **Kauffleute-Compagnie** / welche an. 1495. fundiret/ und nachdem sie zur Zeit der Bürgerlichen Unruhe in Abgang gerathen/ an. 1582. wieder in Ordnung gebracht worden. Ihr Haus ist bey S. Jacob.

3. Die **Schonenfahrer** / deren Haus über dem Fünffhausen ist/ und der Schütting genennet wird.

4. Die **Naugardsfahrer**/ deren Haus im Schöttelbuden/ bey S. Marien Kirchhofe ist.

5. Die **Bergefahrer** / welche nebst andern Städten/ insonderheit Hamburg und Bremen / zu Bergen in Norwegen ihr Handlungs-Contoir haben. Ihr Haus/ zum grossen Lobben genannt/ ist hinter der Cantzeley/ bey dem alten Fleisch-Schrange.

6. Die **Rigafahrer**/ deren Contoir, da sie zusammen kommen/ in dem Schonenfahrer Schütting ist.

7. Die **Holm- oder Stockholm-Fahrer** / welche gleichfals ihr Contoir in dem Schonenfahrer-Schüttinge haben.

8. Die **Gewandschneider-Compagnie** / deren Haus in der Königstrassen ist / zwischen der Hüxstrassen und Wahmstrassen.

9. Die **Kramer-Compagnie** / deren Haus ehmahls in der Braunstrassen gewesen / anjetzo aber im Schöttelbuden/ zwischen der Braun- und Holstrassen/ ist.

10. Die **Brauer**/ die ihr Zunfft-Haus in der Becker-Gruben haben.

11. Die **Schiffer**/ deren so genannte Gesellschafft über der Englischen Gruben bey S. Jacob ist.

12. Die **vier grossen Aempter** / als (1) die **Schmiede**/ deren Zunffthaus in der grossen Schmiedestrassen bey S. Peter ist. (2) Die **Schneider**/ welche gleichfals ihr Zunfft-Haus in der grossen Schmiedestrassen bey S. Peter haben. (3) Die **Becker**/ deren Zunfft-Haus im Fünffhausen ist. (4) Die **Schuster**/ die ihr Zunfft-Haus in der Mühlenstrassen haben. Diese 4. grossen Aempter begreiffen 72. **kleine Aempter** unter sich. Denn

Zu den **Schmieden** gehören: Die **Goldschmiede**, die **Barbirer**/ die **Hutstaffirer** / die **Wandbereiter** / die **Mahler** / die **Gläser** / die **Kupferschmiede**/ die **Tischer** / die **Schwerdtfeger** / die

F **Buch-**

Beschreibung der acht commercierenden Kollegien und der vier großen Ämter. Auszug aus dem Buch »Gründliche Nachricht von der Kayserlichen/Freyen und des h. Römis. Reichs Stadt/Lübeck« von 1713.

Bereitwilligkeit, nach London zu reisen, wurde daher vom Rat mit »Vergnügen vernommen und als der Sache sehr angemessen und vorteilhaft acceptiret«.
Im Vorwege bereits schickte der Rat ein Schreiben nach London, in dem die britische Blockadeverfügung mit den Worten gerügt wurde, es drohe »gänzlicher Verfall hiesiger Nahrung und Erwerbszweige, furchtbarer Mangel durch die Hemmung der Kornzufuhr, ferner gewaltsame militärische Maßregeln«. Bis jetzt habe Preußen nichts gegen Lübeck, dessen Hafen, Handel und Schiffahrt verfügt. Es könne aber durch die Verhängung der Blockade zu einem feindseligen Vorgehen provoziert werden: »Überzeugt, daß die menschenfreundliche Regierung das Schreckliche dieser Lage ebenso beherzigen werde, als sie die nur von Schiffahrt und Handel abhängende Wohlfahrt einer Seestadt zu schätzen weiß, hoffen wir mit Zuversicht, daß es bei jener so überaus harten Maßregel unter obwaltenden Verhältnissen nicht bleiben werde.«
Entsprechende Hilfsersuchen richtete der Rat über seinen Agenten Heymann auch an den einflußreichen russischen Botschafter in London, General Woronzoff, sowie an die dortigen diplomatischen Vertreter Schwedens und Dänemarks, da diese Mächte gleichfalls daran interessiert waren, daß die Schiffahrt in der Ostsee nicht durch britische Blockadeflotten gestört würde.
Am 1. Mai 1806 schiffte sich Christian Joachim Schmidt in Husum ein. Von hier aus wurde damals auch die Post nach England expediert. Nach sechsstündiger Fahrt erreichte er London. In den dortigen Regierungskreisen wurde er mit mißtrauischem Wohlwollen empfangen. Staatssekretär Fox, mit dem er als erstem verabredet war, ließ sich entschuldigen. Er habe alle Hände voll damit zu tun, in der Affäre gegen den Lord der Admiralität, Viscount Melville, zu ermitteln, der vor dem Oberhaus wegen der Veruntreuung von Staatsgeldern angeklagt war. In einer so schwierigen Sache könne er sich derzeit nicht noch mit Nebensachen wie die einer Trave-Blockade befassen. Schmidt wurde auf einen späteren Zeitpunkt vertröstet.
Gehört wurde er dagegen vom Unterstaatssekretär des Äußeren, General Walpole, der sich den Anliegen Lübecks überaus zugänglich zeigte. »Will man reüssieren«, so ließ Schmidt Lübecks Rat in einem Zwischenbericht wissen, »muß man alle Nebenwege, die zur Hauptstraße führen, benutzen«.
Als hilfreicher Vermittler erwies sich dabei der russische Gesandte in London, Baron Nikolai, der den Posten des abberufenen Generals Woronzoff eingenommen hatte. Durch ihn erfuhr die Lübecker Vertretung am 15. Mai, daß das Londoner Kabinett »die dem commercio Rußlands mit Lübeck durch die Travesperre erwachsenden Nachteile in Erwägung gezogen habe«.
Im Verlauf der Verhandlungen gelang es Schmidt derweil, ein anderes schwerwiegendes Problem zu lösen. Zahlreiche Lübecker Schiffe, die in englischen Häfen Ladung genommen hatten, waren aufgrund der Blockadebestimmungen von den Zollbehörden in Beschlag gelegt, andere waren von englischen Freibeu-

tern auf hoher See aufgebracht worden. Dabei waren gegen die Lübecker Flagge weder Kaperbriefe ausgegeben worden, noch hatte die britische Regierung das für die Schiffe Preußens und anderer deutscher Seestaaten ausgesprochene Beschlagnahmerecht auf Lübeck ausgedehnt. Der in der Londoner Amtszeitung erschienene Hinweis, die Travemündung sei blockiert, hatte den Freibeutern aber offensichtlich schon genügt, um sich auch über Lübecker Schiffe und Waren herzumachen.

Auf Schmidts Drängen hin versammelten sich schließlich die Lords des Council for Trade (Handelskammer) und hörten sich die Lübecker Beschwerden an. Die Lords gaben den Einsprüchen recht und beauftragten den Advokaten des Königs, die Lübecker Schiffe sofort wieder freigeben zu lassen.

Und wenige Tage später, am 20. Mai, konnte Schmidt sogar voller Freude nach Lübeck melden: »Ich wünsche dem Senat und meinen Mitbürgern Glück: Die Blockade an der Trave ist aufgehoben. Soeben ward mir vom Staatssekretär die beigehende Abschrift des Circulärs eingehändigt, das an die hier residierenden ausländischen Minister abgelassen wird.«

Maßgebend für diese Entscheidung waren neben dem tatkräftigen Einsatz des Lübecker Kaufmanns die russische Intervention zugunsten der freien Schiffahrt in der Ostsee und die Erklärung Preußens gewesen, daß es keine Schritte zur Schließung des Lübecker Hafens gegen den englischen Handel zu unternehmen gedenke und auch seine eigenen baltischen Häfen für die britische Flagge offenhalten werde.

Am 21. Mai erließ die britische Regierung eine offizielle Proklamation, wonach es englischen Kaperern und Kriegsschiffen verwehrt wurde, irgendwelche Schiffe in der Ostsee aufzubringen.

Schmidts Schreiben löste in Lübeck natürlich Freude und Erleichterung aus. Der Rat verständigte sofort die Ältesten der Kollegien und informierte die hanseatischen Agenten in Petersburg und Kopenhagen, daß die Schiffahrt nach Lübeck frei und keinerlei Gefahr mehr zu befürchten sei. An Schmidt selbst sandte der Rat ein von Syndikus Carl Georg Curtius unterzeichnetes Schreiben, in dem es hieß: »Mir gereicht es zum besonderen Vergnügen, im ausdrücklichen Auftrag des Senats dessen lebhafte Anerkennung Ihres in dieser Angelegenheit bewiesenen verdienstvollen Eifers, wodurch Sie das Ihnen gewidmete Vertrauen auf das rühmlichste gerechtfertigt haben, Ihnen hierdurch darzulegen.«

Es dürfe dabei nicht vergessen werden, so legte die in Lübeck mit der Blockade befaßte Kommission in einem Memorandum überdies dar, »daß es hiesiger Stadt und dem Ansehen ihrer Handlung schon allein zur Ehre und zum Vorteile gereicht, daß jemand, mit öffentlichen Aufträgen versehen, in jener Periode für unser wesentliches Interesse in London persönlich auftrat und sich lebhaft bemühte, wogegen es Gleichgültigkeit oder Nachlässigkeit verraten haben würde, wenn nichts dergleichen geschehen wäre«.

Christian Joachim Schmidt aber wies die Danksagungen bescheiden zurück. Er erwarte weder eine Erstattung seiner Missionskosten noch eine Auszeichnung oder Belohnung, sondern begnüge sich damit, »als Patriot gehandelt zu haben«. Der Rat folgte dennoch der Empfehlung der Kommission, »ihm ein geschmackvolles Silbergerät mit dem Wappen der Stadt, im Wert nicht unter 100 Reichstaler zu verehren«. Die Wirren der darauffolgenden Zeit verzögerten die Herstellung und Übergabe des »geschmackvollen Silbergeräts«. Erst im August 1810 konnte dem erfolgreichen Blockadebrecher dieses von ihm als »sehr angenehm« empfundene Geschenk überreicht werden.

Totenstille an der Trave

Die Freude über die Aufhebung der Blockade und die Wiedereröffnung des freien Handels auf der Trave währte indes nicht lange. Denn am 6. November 1806 fielen die napoleonischen Truppen plündernd und marodierend in Lübeck ein. Handel und Wandel kamen mit einem Schlag zum Erliegen. Im Jahre 1800 waren in Lübeck noch jeweils rund 1000 Schiffe ein- und ausgefahren, in den Jahren bis 1806 stieg die Zahl sogar auf über 1500. Doch dann kam der totale Einbruch. 1807 wurden nur mehr 389 eingehende und 406 ausgehende Schiffe registriert, im folgenden Jahr waren es noch 50. Und schließlich herrschte Totenstille im Lübecker Hafen. 1811 und 1812 legte nicht ein einziges Schiff mehr an.

18 Tage nach der Erstürmung Lübecks war von Berlin aus ein kaiserliches Dekret erlassen worden, mit dem die Kontinentalsperre gegen England verhängt wurde. Das sollte gleichzeitig auch das Aus für den Lübecker Hafen bedeuten. Von den rund 200 Schiffen, die Lübeck derzeit besaß, wurden die meisten abgetakelt in den Strom gelegt. Die in den Speichern der Kaufleute lagernden riesigen englischen Warenmengen wurden von den Franzosen konfisziert oder verbrannt.

Auch politisch wurde Lübeck erniedrigt. Am 13. Dezember 1810 erließ Napoleon ein Senatskonsult, das die Ausdehnung des französischen Reiches bis an die Mündungen der deutschen Ströme einschließlich Lübecks anzeigte. Anstrengungen des Rats und der Kaufleute, in Paris um Erleichterungen für den Handel der Stadt nachzukommen, blieben ergebnislos.

Gleichsam unter der Hand hatte man sogar eine neue Commerz-Kommission ins Leben gerufen, die jedoch nur für kurze Zeit auf dem Papier Bestand hatte. Denn deutlich wurde dem Rat von den Franzosen angezeigt, daß man eigenmächtige Initiativen nicht duldete.

Die Kaufleute wurden dazu verdammt, untätig in den Kontoren herumzusitzen. Was erschwerend hinzukam: Sie mußten hohe Kontributionen zahlen und ihre

Die Lastadie, Lübecks »Schiffs-Werft« an der Trave, um 1870. Hier wurden die Schiffe gebaut, mit denen Lübecks Kaufleute in alle Welt hinaussegelten. Allein zwischen 1560 und 1800 liefen hier über 2450 Schiffe mit einem Gesamtvolumen von 150 000 Last (etwa 300 000 Nettoregistertonnen) vom Stapel.

Vermögen opfern. Der wirtschaftlichen Euphorie war die Not auf dem Fuße gefolgt. Lübeck selbst wurde dem Departement der Elbemündungen eingefügt und bildete zusammen mit Lauenburg, Mölln, Neuhaus, Ratzeburg und Schwarzenbek ein Arrondissement des Elbedepartements. An seiner Spitze stand der Unterpräfekt Himbert de Flégny, der im Hause Beckergrube/Ecke Fünfhausen seinen Sitz hatte.
Die Compagnien traten am 10. Februar 1811 zu einer letzten Sitzung zusammen. Ihre Mitglieder, so wurde im Protokoll vermerkt, »schieden erfüllt von Trauer um den Verlust der Vaterstadt still und freundlich von einander«. Alle Ämter und Kollegien waren aufgelöst, jegliche Zunft- und Zwangsrechte waren aufgehoben. Jedem sollte die Ausübung der Handels- und Gewerbetätigkeit fortan nach freiem Belieben gestattet sein. Die Gerichtsverfassung, die Steuerverwaltung und das Zollwesen wurden nach französischem Vorbild umgestaltet.
Um den brachliegenden Handel wieder zu beleben – was nicht zuletzt auch im französischen Interesse lag – wurde im Jahre 1812 durch kaiserliches Dekret die Einsetzung einer Chambre de Commerce angeordnet. Zur Bildung dieser »Handelskammer« berief Bürgermeister Tesdorpf die angesehensten Kaufleute zu sich und ließ aus ihrer Mitte neun zu Mitgliedern der Kammer wählen.
In dem am 26. August 1812 beschlossenen »Reglement« wurde unter anderem verfügt: »Die Kammer versammelt sich in der Regel alle 14 Tage, Mittwochs praecise um 1 Uhr mittags; außerdem, so oft der Präsident es für nöthig erachtet. Jedes Mitglied hat das Recht, Vorschläge zu machen, die den Handel betreffen. Es wird unter Männern von Ehre fast überflüßig, hinzuzusetzen, daß von dem, was in den Berathungen vorgekommen, nichts verlauten müsse.«
Die Chambre de Commerce sollte vor allem den Zweck dienen, dem Minister für Manufakturen Vorschläge für die Verbesserung des Handels zu unterbreiten. Im Verlauf ihres gut einjährigen Bestehens fand sich die Kammer zwar zu 37 Sitzungen zusammen, doch viel bewirken konnte sie aufgrund der politischen Gegebenheiten natürlich nicht.

Neuer Anlauf mit schwerem Start

Anfang April 1813 marschierten die Russen in Lübeck ein. Als letzte Eintragung im Protokollbuch der Chambre de Commerce wurde am 5. April vermerkt, daß von dem »russischen kommandierenden General von Tettenborn verfügt worden, daß der vormalige Senat die Regierung zu übernehmen und die vorige Verfassung einer freien Reichs- und Hansestadt wieder einzuführen habe«. Die bisherige Kammer wurde aufgelöst.
Statt dessen wurde nun eine Commerz-Deputation eingerichtet, der neben zwei Ratsvertretern die Älterleute der Schonen-, Nowgorod- und Stockholmfahrer

angehörten. Doch viel brachte dieses Gremium auch nicht zuwege. Man verlor sich in vielen Einzelfragen wie mit der Neuordnung des Lotsenwesens, der Bergung von versenkten Schiffen im Travemünder Hafen, einer Revision der Schiffsabgabentaxe und Postverkehrssachen. Entscheidende Impulse zur Belebung des Handels und der Schiffahrt gingen von der Deputation jedenfalls nicht aus.

Im Jahre 1818 wurde daher von der Stadt ein Gutachten in Auftrag gegeben, das die »Ursachen des Verfalls des Handels und der Schiffahrt hierselbst« untersuchen sowie »über die zu deren Abhülfe anzuwendenden Mittel« Vorschläge unterbreiten sollte. Die mit dem Gutachten beauftragten Spezialkommissare, Syndikus Dr. Anton Diedrich Gütschow und Senator Johann Coht, kamen zu dem Schluß, daß sich die Mitglieder der Deputation zu selbständiger Mitwirkung offensichtlich nicht genügend angeregt fühlten. Nach den Vorbildern Hamburgs und Bremens sei daher anzuraten, ein Commerz-Kollegium zu gründen, das lediglich aus Vertretern der Kollegien bestehen sollte. In einem derartigen freier gestellten Kollegium würden Ehrgeiz, Wetteifer und Initiativen viel besser zum Tragen kommen als in einem halbwegs staatlich ausgerichteten Gremium.

Der Rat entsprach dem Vorschlag und erließ am 2. Dezember 1818 ein Dekret, das die Einsetzung eines solchen Commerz-Kollegiums vorsah. Ihm sollten durch »Gemeinsinn, Einsicht und Tätigkeit im Großhandel sich auszeichnende Kaufleute« angehören. Das Kollegium sollte als »bürgerliche Central-Behörde für Handlungs- und Schiffahrts-Angelegenheiten« dasjenige vorzugsweise beraten, begutachten, anregen und zur Ausführung vorbereiten, was hauptsächlich nur durch die vereinte Betriebsamkeit der Kaufmannschaft zu erreichen sei.

Am 3. Februar 1819 wurde das Commerz-Kollegium aus der Taufe gehoben. Trotz mancherlei Erfolge gelang es auch dieser Institution nicht, sich nachhaltig in Szene zu setzen. Das Kollegium war selbstkritisch genug, dies einzusehen. Im Jahre 1845 legten die Mitglieder dem Rat in einem langen Bericht dar, daß eine neuzeitlich eingerichtete Handelsbehörde, deren Verantwortlichkeit gesetzlich zu bestimmen wäre, an die Stelle des Kollegiums treten müßte. Dem Commerz-Kollegium, so monierten die Kaufleute, sei letztlich nicht die Bedeutung einer öffentlich anerkannten Zentralbehörde zugestanden worden, wie dies zur »gehörigen Vertretung der merkantilen Interessen unserer Stadt unumgänglich« sei. Das von den Kommissaren des Senats im Jahre 1818 erstattete Gutachten habe dem Kollegium zwar eine solche Befugnis eingeräumt, aber dadurch, daß man es trotzdem nur als »bürgerliches Organ« habe anerkennen wollen und daneben »ohne hinreichenden Grund eine Kommission des Rats für Handel und Schiffahrt« als eine zweite ebenfalls beratende Behörde eingesetzt habe, sei die dem Commerz-Kollegium ursprünglich beigelegte Bedeutung aufgehoben worden. Mit dieser resignierenden Einstellung aber sollte dennoch ein Neubeginn verbunden sein, der bis heute seine Früchte getragen hat.

Abschied von alter Tradition

Von den Compagnien zur Kaufmannschaft

Zum letzten Mal fanden sich am 29. April 1853 die Älterleute der acht »commercierenden Kollegien« zu einer Sitzung im Schütting, dem Amtshaus der Schonenfahrer, zusammen. Es war ein denkwürdiger Tag, galt es doch, Abschied zu nehmen von einer Tradition, die bis dahin über 500 Jahre Bestand gehabt hatte. Nach vielerlei Bedenken und langwierigen Beratungen hatten sich die Kollegien der Empfehlung des Rats gebeugt und der Bildung einer gemeinsamen Kaufmannschaft zugestimmt.
Neben den Compagnien der Kaufleute, der Krämer und der Gewandschneider waren es die Kollegien der Schonen-, Nowgorod-, Bergen-, Riga- und Stockholmfahrer, die sich mit dieser einschneidenden Neuregelung einverstanden erklärt hatten. Sie hatten sich weiterhin dazu bereit gefunden, »jede Compagnie für sich, ihr Vermögen behufs Verschmelzung desselben zu einem von der Handelskammer zu verwaltenden Gesamtvermögen der Kaufmannschaft herzugeben, sowie die ihnen einzeln oder gemeinsam zugehörigen Institute und Einrichtungen abzutreten zur Verwaltung derselben durch die Handelskammer«.
Und es war nicht gerade wenig, was die Compagnien in die neue, gemeinsame Kasse einbrachten. Die Eröffnungsbilanz der Kaufmannschaft wies allein an Barmitteln, Pfandposten, Obligationen und Aktien ein Kapitalvermögen von 270 000 Kurantmark auf, für damalige Zeiten eine wahrhaft stattliche Summe. Hinzu kamen als Grundvermögen das Haus der Kaufleute-Compagnie in der Breiten Straße 6–8 (heute Sitz der Industrie- und Handelskammer) sowie die Häuser der übrigen Compagnien neben weiteren Grundstücken.
Gesetzlich verankert wurde die Neuregelung durch die lübische Kaufmannsordnung, die am 18. Juni 1853 in Einvernehmen mit der Bürgerschaft verabschiedet wurde. Sie sah zugleich die Einrichtung einer Handelskammer als gesetzlichen Vorstand der Kaufmannschaft vor. Die Kammer – bestehend aus dem Präses und 16 Mitgliedern – war gedacht als »Genossenschaft aller in Lübeck zur Ausübung des kaufmännischen Gewerbes selbständig berechtigten Personen«. Kaufmannschaft wie Handelskammer sollten öffentlich-rechtliche Körperschaften sein und gesetzlichen Anspruch darauf haben, vom Senat gehört zu werden. Damit hatten die Kaufleute durchgesetzt, wie in früheren Zeiten politischen Einfluß ausüben zu können.
Der Weg zu dieser Vereinbarung war hart und steinig gewesen. Denn letztlich

Der Lübecker Hafen im 19. Jahrhundert.

hatten die Compagnien nicht leichthin alles über Bord werfen wollen, was sie im Laufe von Jahrhunderten zusammengetragen hatten. Dennoch mußten auch sie erkennen, daß sich die Zeiten grundlegend geändert hatten. Die herben Wunden, die Napoleons Truppen der Stadt vornehmlich im finanziellen Bereich

zugefügt hatten, waren noch nicht vernarbt. Das wirtschaftliche Leben lag darnieder, der Auflösungsprozeß der mittelalterlichen Welt, die auch die Zunftorganisation des Handelsstaates geschaffen hatte, war nicht mehr aufzuhalten.
Bereits in den 50er Jahren des 19. Jahrhunderts waren in Berlin, Stettin, Danzig, Memel, Königsberg und Magdeburg Handelskammern gegründet worden, die das gemeinsame Erbe der einzelnen Kaufleute-Compagnien übernommen hatten. In Lübeck sollte dies ein wenig länger dauern. Und nicht von den Korporationen selbst ging der Ansporn aus, sich zu einer Kaufmannschaft zu vereinigen, sondern von der im Jahr 1842 eingesetzten bürgerlichen Verfassungs-Revisions-Kommission, der indes auch Vertreter der acht Kollegien angehörten.
Dennoch gab die Schonenfahrer-Compagnie in einer Eingabe an den Rat am 12. November 1850 ihrem Unmut darüber Ausdruck, »daß die Kaufmannschaft sich nicht aus sich selbst heraus organisiert habe, sondern anstatt ihre Ordnung selbst zu entwerfen und dafür um die Genehmigung des Senates und der Bürgerschaft nachzusuchen, sie von diesen empfangen habe«. Andererseits hatte schon die Kaufleute-Compagnie in einer Resolution vom 7. März 1845 gefordert, »daß Hand ans Werk gelegt werden möge, um dem dringenden Bedürfnisse der Schaffung eines Zentralpunktes für die Vertretung unserer Handels- und Schifffahrts-Interessen baldigst Abhülfe zu verschaffen«. Die Kollegien aber taten sich dennoch schwer, dieser Forderung nachzukommen. Allzusehr noch haftete man an althergebrachten Traditionen, um umwälzenden Neuerungen ein spontanes Jawort geben zu können. Man wolle doch erst einmal die bevorstehende Verfassungsreform abwarten, so verabschiedeten sich die Älterleute der Compagnien nach einer ergebnislos verlaufenen Sitzung am 10. Februar 1847, bevor man sich ausdrücklich zur Sache erklären würde.
Die neue Verfassung trat am 30. Dezember 1848 in Kraft. Sie bestimmte in ihrem wichtigsten Passus, daß die »neue« Bürgerschaft fortan aus allgemeinen Wahlen hervorgehen solle. Das Selbstergänzungsrecht des Senats wurde aufgehoben. Die commercierenden Kollegien wurden ihrer politischen Funktionen, die sie seit 1669 innehatten, entkleidet, waren damit aber noch nicht de facto aufgelöst, sondern konnten ihre Selbstverwaltungsangelegenheiten nach wie vor wahrnehmen.
Kurz darauf wurde eine Kommission aus Mitgliedern des Senats und der Bürgerschaft eingesetzt, die über »Bildung, Organisation und Geschäftskreis« einer Handelskammer beraten sollte und zugleich ermächtigt wurde, »Vorschläge für die Gestaltung der Kaufmannschaft selbst entgegenzubringen«. – Zwei entscheidende Fragen stellte die Kommission den Kollegien:

1. ob sie es für angemessen erachteten, daß sämtliche commercierende Kollegien, mit Einschluß der Krämer-Compagnie, zu einer Korporation der Kaufmannschaft vereinigt werden und

Lastfuhrwerke aus Mecklenburg gehörten früher zum alltäglichen Bild in der Großen Burgstraße. Sie brachten landwirtschaftliche Erzeugnisse in die Stadt und transportierten Kaufmannsgüter aufs Land zurück.

2. ob die Compagnien damit einverstanden seien, daß das Vermögen des Schonenfahrer-Kollegiums mit dem Vermögen der übrigen commercierenden Kollegien zu einem Gesamtvermögen der Kaufmannschaft verschmolzen und der Handelskammer zur vorschriftsmäßigen Verwaltung übertragen werde.

Der Rat verwies in diesem Zusammenhang darauf, daß die Einrichtung einer Handelskammer »sich in zweckmäßiger Weise nur auf eine neue Organisation der

Kaufmannschaft gründen lasse und daß die Vereinigung der den einzelnen Kollegien und kaufmännischen Instituten gehörigen Vermögen zu einem Gesamtvermögen der Kaufmannschaft als eine unerläßliche Bedingung für das Zustandekommen des Plans der Gründung einer Kaufmannschaft zu betrachten sei«.

Einigung nach langen Mühen

Das Echo aus den Reihen der Kollegien war geteilt. Die Kaufleute-Compagnie stimmte im Grundsätzlichen zwar für eine Einigung, setzte jedoch den Vorbehalt, daß diejenigen Mitglieder der Krämer-Compagnie ausgeschlossen werden müßten, »welche schon nach der Natur ihres Gewerbes nicht in eine Kaufmannschaft gehören«. Im übrigen werde man sich eine Verfügung über das Compagnie-Haus vorbehalten, weil mit ihm der Kunstschatz des Fredenhagenschen Zimmers verbunden sei.

Die Schonenfahrer wandten sich energisch gegen eine Aufnahme der Krämer-Compagnie in eine allgemeine Kaufmannschaft. Sie verwiesen dabei auf die große Zahl der in der Compagnie vereinigten Krämer, mit der die übrigen Kollegien in keiner Weise Schritt halten könnten.

Man könne es nicht wünschen, so die Schonenfahrer, »daß die Entscheidung über Handelsangelegenheiten in die Hände der Vertreter nur eines Interesses gelegt werde«. Ähnliche Einsprüche erhoben auch die Riga- und Nowgorodfahrer.

Die Krämer selbst stimmten mit 37 zu 35 Stimmen der Bildung einer gemeinsamen Kaufmannschaft zu. Das Ergebnis der Umfrage blieb dennoch unbefriedigend. Das Commerz-Kollegium sah sich daher veranlaßt, sich per Rundschreiben vom 16. Juni 1851 noch einmal an die Compagnien zu wenden und sie zu einem »einmütigen Zusammenwirken« zu bewegen. Letztlich sei es doch in ihrem Interesse, »sich den eigenen Einfluß auf die Umgestaltung der kaufmännischen Verhältnisse zu sichern«. Leider aber sei diese Aussicht, so heißt es in dem Schreiben weiter, »bei der gegenwärtigen Lage der Sache und in Hinblick auf die große Divergenz der in den einzelnen Kollegien gefaßten Beschlüsse wiederum in weite Ferne gerückt, ja, es gewinnt fast den Anschein, daß die Staatskörper die Hoffnung, in dieser seit 1844 schon zum dritten Mal verhandelten Angelegenheit eine Einigung unter den commercierenden Kollegien erreicht zu sehen, völlig aufgegeben haben und nunmehr zu einer Reform der Kaufmannschaft im Wege der Gesetzgebung ohne Mitbeteiligung der Kollegien vorschreiten werden«.

Diese Mahnung fruchtete. Noch einmal setzten sich die Kollegien zusammen und berieten aufs neue über die Zusammenlegung der Compagnien. Diesmal mit Erfolg: Gemeinsam und ohne große Einwände stimmte man der Empfehlung des Commerz-Kollegiums zur Bildung einer einheitlichen Kaufmannschaft zu. In

Die historische LN-Diele in der Dr.-Julius-Leber-Straße 32 gilt als typisches Beispiel einer Lübecker Kaufmannsdiele aus dem 16. Jahrhundert. Die Geschichte des Hauses selbst reicht bis ins 14. Jahrhundert zurück. In seinen Mauern haben im Laufe der Zeiten zahlreiche Kaufleute gewohnt, die zugleich als Bürgermeister oder Ratsherren gewirkt haben. Anläßlich ihres 100jährigen Jubiläums ließen die Lübecker Nachrichten das Haus im Jahre 1982 renovieren (siehe auch Seite 46).

einem Dekret vom 18. Juni 1853 sprach der Rat den Kollegien denn auch eine »lebhafte und dankbare Anerkennung« aus.
Noch am gleichen Tag wurde mit der Verfassung der Kaufmannschaft auch die im Einvernehmen mit der Bürgerschaft beschlossene Kaufmanns-Ordnung verabschiedet.
Die Kollegien waren damit kraft Gesetzes aufgehoben. Zu ihrem ersten Präses wählte die neue Kaufmannschaft am 26. September 1853 Johannes Christoph Fehling, der als einer der angesehensten Kaufleute der Stadt galt und als bisheriger wortführender Ältermann der Kaufleute-Compagnie wesentlichen Anteil am Zustandekommen der neuen Ordnung gehabt hatte.
Die der Kaufmannschaft und der Handelskammer übertragenen Aufgaben knüpften an die von den Kollegien überkommenen Selbstverwaltungsangelegenheiten an. Darüber hinaus hatten sie auch staatliche »Auftragsangelegenheiten« wahrzunehmen. Demnach sollten sie in »Beziehung auf Handels- und Schiffahrtsangelegenheiten die commerciellen und, soweit tunlich, auch die industriellen Interessen des lübischen Freistaates wahrnehmen und diejenigen Maßregeln ergreifen, welche zur Förderung jener Interessen zweckmäßig sind«.
Zwischen dem Rat einerseits sowie zwischen Kaufmannschaft und Handelskammer andererseits bestand eine enge Verbindung, die unter anderem dadurch zum Ausdruck kam, daß die von der Kaufmannschaft jeweils getroffene Präseswahl dem Senat zur Bestätigung anzuzeigen war. Der Präses wurde sodann vom Senat vereidigt. Die Kaufmannsordnung von 1855 schrieb ferner vor, daß »über alle Staatsverträge, Gesetze und Regulative, soweit sie den Handel und die Schiffahrt betreffen, das Gutachten der Kammer eingeholt« werden müsse.
Der Senat verpflichtete sich außerdem, der Handelskammer »Berichte der Konsuln und diplomatischen Agenten, soweit sie Handels- und Schiffahrtsangelegenheiten betreffen, baldthunlichst zur Einsicht mitzuteilen«. In kaum einer anderen deutschen Stadt waren einer Handelskammer vom Staat damit so weitreichende Kompetenzen eingeräumt worden wie in Lübeck. Der Neubeginn stand also auf solider gesetzlicher Grundlage. Der wirtschaftliche Alltag indes stellte die Kaufmannschaft vor große Probleme. Die Kassen waren geschröpft. Der Handel stagnierte. Hinzu kam, daß die Stadt ringsum von Zollschranken umgeben war, die den Warenaustausch mit hohen Abgaben beschwerten. Holstein gehörte als Land zwar dem Deutschen Bund an, stand jedoch unter der Herrschaft des dänischen Königs. Auch das Herzogtum Lauenburg war durch Beschluß des Wiener Kongresses unter dänische Hoheit geraten.
Dänemark aber sah in jeder Förderung von Handel und Schiffahrt der Hansestädte Hamburg und Lübeck eine Benachteiligung seiner Städte Kiel und Altona. An einem Handelsverkehr zwischen Hamburg und Lübeck war es auch deshalb nicht interessiert, weil es darin eine Konkurrenz für die Sundschiffahrt und damit eine Beeinträchtigung der Staatseinkünfte aus dem Sundzoll befürchtete.

Zwar hatten es Lübeck und Hamburg unter großen Mühen und auf eigene Kosten in den Jahren von 1828 bis 1838 zuwege gebracht, die beiden Städte durch eine neue Landstraße zu verbinden, aber erst 1865 sollte zwischen Hamburg und Lübeck der erste Dampfzug verkehren. Dabei hatten Lübecks Kaufleute die umwälzende Bedeutung der Eisenbahn als modernes Tranport- und Verkehrsmittel schon früh erkannt und bereits 1832 Pläne auf den Tisch gelegt, die auf eine Schienenverbindung zwischen Hamburg und Lübeck abzielten. Das also immerhin drei Jahre vor der Jungfernfahrt der ersten deutschen Dampflok zwischen Nürnberg und Fürth! Die politischen Verhältnisse erlaubten es jedoch nicht, daß Lübeck seine weitsichtigen Pläne in die Tat umsetzen konnte. Erst 1851 wurde zwischen Lübeck und Büchen die erste Eisenbahnlinie eröffnet.

Besonderes Gewicht legte die Kaufmannschaft auch auf den Ausbau und die Modernisierung des Hafens, war er doch letztlich der Lebensnerv, von dem das Wachsen und Gedeihen der Lübecker Wirtschaft abhing. Bereits in der Mitte des 19. Jahrhunderts hatte man damit begonnen, den Travelauf zu begradigen, das Fahrwasser zu vertiefen, ein Lagerhaus und mehrere Schuppen zu errichten.

Als 1895 der Nord-Ostsee-Kanal seiner Bestimmung übergeben wurde und damit Bremen und Hamburg die Möglichkeit eröffnete, sich auf entschieden kürzerem Wege als bisher in den attraktiven Ostseehandel einzuschalten, sah es die Lübecker Kaufmannschaft als Gebot der Stunde an, alle Kräfte zu mobilisieren, um mit dem Bau des Elbe-Trave-Kanals ihrerseits einen neuen Handelsweg zu erschließen, der Mitteldeutschland und Böhmen unmittelbar mit der Ostsee verband. Der Kanal wurde am 18. Juni 1900 eingeweiht.

Mit dem wirtschaftlichen Aufwind hatten sich auch die strengen Handelsvorschriften gelockert, die bis dahin über Jahrhunderte hinweg gegolten hatten. So sah die Kaufmannsordnung von 1853 ausdrücklich vor, daß fortan auch der Kommissions- und Speditionshandel erlaubt sein solle.

Aufbruch in die Neuzeit

Nachdem bereits 1835 das erste deutsche Unternehmen zur fabrikmäßigen Herstellung von Nahrungsmittelkonserven in Lübeck gegründet worden war, schossen in der zweiten Hälfte des 19. Jahrhunderts weitere Fabrikationsbetriebe auf dem Gebiet der Eisen- und Metallgießerei, des Maschinenbaus, der chemischen Industrie und des Baugewerbes geradezu wie Pilze aus dem Boden.

Doch nicht nur wirtschaftlich, auch politisch sollten sich in Lübeck bedeutsame Veränderungen vollziehen. 1853, bei Gründung der Kaufmannschaft und der Handelskammer, war die Hansestadt noch ein souveräner Freistaat gewesen. 1866 war Lübeck mit dem Status eines Bundesstaates in den Norddeutschen Bund, 1871 in das neugegründete Deutsche Reich in gleicher Rechtsstellung eingetreten. In der Republik nach 1918 hatte die Stadt diese Position, wenn auch unter veränderten staatsrechtlichen Verhältnissen, gewahrt. 1937 wurde Lübeck dem Land Preußen – Provinz Schleswig-Holstein – eingegliedert und verlor damit den Rang einer freien Reichsstadt, den es über 700 Jahre lang eingenommen hatte.

Auch die Kaufmannschaft selbst mußte sich manchen Neuordnungen fügen. 1934 war die Betriebsführung im Lübecker Hafen auf die neugegründete Lübekker Hafen-Gesellschaft übergegangen. Entsprechende Verträge über die Benutzung der Hafengüterschuppen und anderer Einrichtungen traten am 1. Januar 1935 in Kraft. Drei Jahre später wurden die bis dahin der Kaufmannschaft gehörigen Hafenanlagen an die Hansestadt Lübeck zum Preis von 1 750 000,– Mark verkauft.

Einschneidende Veränderungen brachte auch die neue Kaufmannsordnung vom 18. Januar 1935. Der Handelskammer, die nunmehr den Namen »Industrie- und Handelskammer« erhielt, wurde zwar die Eigenschaft einer Körperschaft des öffentlichen Rechts nach wie vor zuerkannt, doch wurden ihr zugleich die alten gesetzlichen Mitwirkungsrechte gegenüber dem Senat genommen. Damit endete zumindest formell der politische Einfluß, um den die Kaufleute in den vergangenen Jahrhunderten so zäh gekämpft hatten.

Die Neuregelung brachte zugleich die Trennung zwischen Handelskammer und Kaufmannschaft. Insbesondere mußte die Kaufmannschaft darauf verzichten, als Wahlgremium für die Besetzung der Handelskammer tätig zu sein. Sie wurde statt dessen darauf verwiesen, sich um die typisch lübischen wirtschaftlichen und kulturellen Aufgaben zu kümmern. Seitdem führt die Kaufmannschaft ein juristisch von der Industrie- und Handelskammer getrenntes Eigenleben, wenngleich die engen personellen Bindungen zwischen den beiden Institutionen nicht abgerissen sind.

In der 1953 neugefaßten Ordnung der Kaufmannschaft heißt es über die grundlegenden Ziele und Aufgaben dieser Vereinigung: »Die Kaufmannschaft befaßt sich mit der Förderung der lübischen gesamtwirtschaftlichen und kulturellen Belange. Zu diesem Zweck kann sie Einrichtungen treffen, die zum allgemeinen Nutzen der Lübecker Wirtschaft erforderlich sind. Sie will die Industrie- und Handelskammer zu Lübeck in der Erfüllung ihrer Aufgaben unterstützen.«

Vieles hat sich in der rund 700jährigen Geschichte des Lübecker Kaufmanns gewandelt. Geblieben aber ist eine große Tradition, die so alt ist wie die Hansestadt selbst. Die Kaufleute waren es gewesen, die, aufgeschlossen für alles Neue, den Blick in die Weite der Welt gerichtet, den Wohlstand der Stadt begründet und gemehrt haben. Ihnen ist es zu verdanken, daß Lübeck so reich an Kunst- und Kulturschätzen ist, an prachtvollen Kirchen und Baudenkmälern, so reich an sozialer Gesinnung. Über alle Zeiten hinweg bis auf den heutigen Tag ist der Lübecker Kaufmann diesem Engagement für seine Stadt treu geblieben.

Frühes Foto eines Lübecker Kaufmannskontors.

War das Kaufmannsgeschäft einst ein Abenteuer gewesen, dessen glücklicher Ausgang von günstigen Winden, solide gebauten Schiffen und einem friedlichen Nebeneinander auf den Meeren abhängig war, so haben sich dem Abenteuer, ein Kaufmannsgeschäft zu betreiben, heute andere, nicht minder schwierige Hürden in den Weg gestellt. Doch ist es seit jeher das oberste Gebot der Lübecker Kaufleute gewesen, sich nicht blindlings auf ein Abenteuer einzulassen. Wie schon zu Hansezeiten, vertrauen sie auch heute noch auf den Leitspruch: »Erst wägen, dann wagen«.

Kleines Vokabular

Bark Dreimastiges Kaufmannsschiff mit zwei vollgetakelten Masten sowie Groß- und Fockmast

Flachs Rohstoff für Leinenproduktion, einer der Haupteinfuhrartikel aus Livland

Holke (oder Hulk) Früher schweres Lastschiff, das mit geringer Veränderung der Armatur auch als Kriegsschiff verwendet werden konnte. Später Rumpf eines abgetakelten Schiffes, das anderen Zwecken zugeführt wurde (Gefängnis, Lazarett u. ä.)

Juchtenleder Mit Weidenrinde gegerbtes Leder, meist von Kuhhäuten, das durch Imprägnieren mit Birkenrindenteer wasserdicht gemacht wurde und dabei den typischen Juchtengeruch erhielt. Begehrter Handelsartikel, der für Schuhwerk, Ledermöbel, Kutschen und Bucheinbände verwendet wurde

Plate Einstige Sandbank vor der Travemündung

Reichskammergericht Von etwa 1500 bis 1806 zunächst in Speyer, dann in Wetzlar ansässig. Höchste Berufungsinstanz in gewichtigen Streitsachen. Seit 1820 nahm das Oberappellationsgericht in Lübeck seine Aufgaben für die Städte Lübeck, Hamburg, Bremen und Frankfurt wahr. 1879 Gründung des für ganz Deutschland zuständigen Reichsgerichts

Schütting Versammlungsort und gesellschaftlicher Mittelpunkt der einzelnen Compagnien

Stalhof Kontor der hansischen Kaufleute in London

Stockfisch Dorsch oder Kabeljau, der durch vier- bis sechswöchiges Trocknen auf Stangen haltbar gemacht wird

Wette Ordnungsbehörde für Handel, Gewerbe und Wohlfahrt unter dem Vorsitz zweier rechtsgelehrter Ratsherren. Seit 1820 Gericht erster Instanz für Streitigkeiten im gewerblichen Bereich

Wraken Das Prüfen von Waren

Literaturnachweis

Jürgen Asch: Rat und Bürgerschaft in Lübeck 1598 bis 1669, Lübeck 1961.

Ernst Baasch: Die Lübecker Schonenfahrer, Lübeck 1922.

Ernst Baasch: Die Durchfuhr in Lübeck, Lübeck 1907 (in »Hansische Geschichtsblätter«, Band XIII).

Ahasver v. Brandt: Von den Schonenfahrern in Lübeck, Lübeck 1959 (in »Der Wagen«).

Ahasver v. Brandt: Ein Stück kaufmännischer Buchführung aus dem letzten Viertel des 13. Jahrhunderts, Lübeck 1964 (in »Zeitschrift des Vereins für Lübeckische Geschichte und Altertumskunde«, Band 44).

Ahasver v. Brandt: Thomas Fredenhagen – ein Lübecker Großkaufmann und seine Zeit, Weimar 1938 (in »Hansische Geschichtsblätter«, 63. Jahrgang).

Ahasver v. Brandt: Lübecker Grönlandfahrt im 17. Jahrhundert, Lübeck 1938 (in »Zeitschrift des Vereins für Lübeckische Geschichte und Altertumskunde«, Band 29).

Wilhelm Brehmer: Der Lübecker Bürgermeister Jacob Plescow (in »Hansische Geschichtsblätter«, Jg. 1882).

Friedrich Bruns: Die Lübecker Bergenfahrer und ihre Chronistik, Berlin 1900.

Friedrich Bruns: Das Frachtherrenbuch der Lübecker Bergenfahrer, Bergen 1953.

D. Feichtinger: Grundriß der Allgemeinen Warenkunde, Berlin.

D. Fink: Tabellen zur Verwandlung der bisherigen Lübeckischen Maaße und Gewichte in die neuen Maaße und Gewichte des Deutschen Reiches und umgekehrt, Lübeck 1872.

Klaus Friedland: Kaufmannstum und Ratspolitik im späthansischen Lübeck, Lübeck 1963 (in »Zeitschrift des Vereins für Lübeckische Geschichte und Altertumskunde«, Band 43).

M. Funk: Die lübischen Gerichte, Weimar 1905 (in »Zeitschrift der Savigny-Stiftung für Rechtsgeschichte«, Germ. Abt., Band 26).

Arnold Gräbke: Die Kunstschätze im Hause der Kaufmannschaft, Lübeck 1953.

H. Grotefend: Taschenbuch der Zeitrechnung des deutschen Mittelalters und der Neuzeit, Hannover 1941.

Pierre Jeannin: Lübecker Handelsunternehmungen in der Mitte des 16. Jahrhunderts, Lübeck 1963 (in »Zeitschrift des Vereins für Lübeckische Geschichte und Altertumskunde«, Band 43).

Wilhelm Jesse: Lübecks Anteil an der deutschen Münz- und Geldgeschichte, 1960 (in »Zeitschrift des Vereins Lübeckische Geschichte und Altertumskunde«, Band 40).

Joh. Klöcking: Die Dröge, ein Werkbetrieb der Lübecker Kaufmannschaft, Lübeck 1957 (in »Der Wagen«).

Berta Koehler: Das Revalgeschäft des Lübecker Kaufmanns Laurens Isermann, Opladen 1936.

Günter Kohlmorgen: Johann Füchting und Füchtings Hof in Lübeck, Lübeck 1982.

Günter Krabbenhöft: Verfassungsgeschichte der Hansestadt Lübeck, Lübeck 1969.

R. Krauel: Die diplomatische Mission eines Lübecker Kaufmanns nach London im Jahre 1806, Lübeck 1910 (in »Zeitschrift des Vereins für Lübeckische Geschichte und Altertumskunde«, Band 12).

P. J. Marperger: Lebensbilder Lübecker Kaufleute in früherer Zeit (Lübeckische Blätter 1907).

Werner Neugebauer: Lübeck und die Trave – aus der Geschichte eines Flusses und eines Hafens, Berlin 1982 (in »Jahrbuch der Hafenbautechnischen Gesellschaft«, Band 38).

Karl-Friedrich Olechnowitz: Zum Schiffbau Lübecks im 16. und 17. Jahrhundert (in »Hansische Studien«, Berlin 1961).

Karl-Friedrich Olechnowitz: Handel und Seeschiffahrt der späten Hanse, Weimar 1965.

Fritz Rörig: Lübeck und der Ursprung der Ratsverfassung, Lübeck 1915 (in »Zeitschrift des Vereins für Lübeckische Geschichte und Altertumskunde«, Band 17).

Fritz Rörig: Großhandel und Großhändler im Lübeck des 14. Jahrhunderts, Lübeck 1926 (in »Zeitschrift des Vereins für Lübeckische Geschichte und Altertumskunde«, Band 23).

Hans Schröder: Vom Werden und Wesen lübscher Selbstverwaltung der Wirtschaft, Lübeck 1953 (in »100 Jahre Industrie- und Handelskammer und Kaufmannschaft zu Lübeck«).

Franz Siewert: Geschichte und Urkunden der Rigafahrer in Lübeck im 16. und 17. Jahrhundert, Berlin 1897.

Franz Siewert: Die zur Vertretung des Handels in Lübeck geschaffenen Einrichtungen der alten Zeit, Lübeck 1903.

Max Stecher: Der deutsch-schwedische Handel in der Vergangenheit und die Lübecker Stockholmfahrer, Leipzig 1922.

A. Stenzel: Deutsches Seemännisches Wörterbuch, Berlin 1904.

Wilhelm Stieda: Pramführer und Träger in Lübeck, Lübeck 1910 (in »Zeitschrift des Vereins Lübeckische Geschichte und Altertumskunde«, Band 12).

Vaterstädtische Blätter: Einiges von unseren alten Kaufmannscompagnien, Lübeck 1897.

J. Warncke: Die Krämer-Kompagnie in Lübeck, Lübeck 1924 (Lübeckische Blätter 1924).

J. Warncke: Lübecker Trachten, Lübeck 1930.

Emil Waschinski: Währung, Preisentwicklung und Kaufkraft des Geldes in Schleswig-Holstein von 1226 bis 1804, Neumünster 1952.

Arthur Witt: Die Verlehnten in Lübeck, Lübeck 1916 und 1918 (in »Zeitschrift des Vereins für Lübeckische Geschichte und Altertumskunde«, Band 18 und 19).

Bildnachweis

Industriephoto Schilling, Lübeck
Bernt Federau, Hamburg
Photographische Gesellschaft Lübeck
Das Lübecker Kaufmannshaus aus der Reihe »Lübecker Heimat«, Heft 20, Lübeck 1936
Messen und Märkte v. Günther D. Roth, München 1965
Lübeck zur Zeit unserer Großeltern von Willibald Leo v. Lütgendorff, Lübeck 1931
Der Wagen, Jg. 1959
Historia-Foto, Hamburg
Alice Kranz-Pätow, Lübeck
Museum für Kunst- und Kulturgeschichte der Hansestadt Lübeck